LOUIS GALLET

GUERRE ET COMMUNE

— IMPRESSIONS D'UN HOSPITALIER —

1870-1871

PARIS
CALMANN LÉVY, ÉDITEUR
RUE AUBER, 3, ET BOULEVARD DES ITALIENS, 15
A LA LIBRAIRIE NOUVELLE

1898

GUERRE ET COMMUNE

DU MÊME AUTEUR

ŒUVRES LITTÉRAIRES

PATRIA. Dix poèmes. Memento de l'année 1870-1871.
LE CAPITAINE SATAN. Roman (épuisé). . . . . . . 1 vol.
SARAH BLONDEL. Roman . . . . 1 —
NOTES D'UN LIBRETTISTE. . . . . 1 —
DORIS. Roman . . . . 1 —

Droits de traduction et de reproduction réservés pour tous les pays,
y compris la Suède, la Norvège et la Hollande.

LOUIS GALLET

GUERRE ET COMMUNE

— IMPRESSIONS D'UN HOSPITALIER —

1870-1871

PARIS
CALMANN LÉVY, ÉDITEUR
ANCIENNE MAISON MICHEL LÉVY FRÈRES
3, RUE AUBER, 3

1898

GUERRE ET COMMUNE

— IMPRESSIONS D'UN HOSPITALIER —

Après plus de vingt-cinq ans, je rassemble ces pages, l'heure étant venue où les douleurs de l'invasion et les passions de la rue se sont apaisées sous l'action bienfaisante du temps. Ceux qui les voudront bien lire n'y devront chercher ni plan, ni suite, ni roman, ni histoire. Ce sont les impressions franches, simples et familières d'un homme dont la vie s'est partagée entre la tâche de l'hospitalier et celle de l'écrivain, œuvre humaine, œuvre intellectuelle, — toutes deux également et diversement séduisantes. C'est de la petite chronique, c'est le témoignage d'un Parisien obscur, ayant, du coin de la rue, du bord de la route, perdu dans la foule, ou solitaire en sa retraite paisible, vu passer les événements et les hommes, — incidemment aussi parfois entraîné à leur suite.

Ces impressions, ces croquis légers de la vie anormale de Paris en 1870-71, ne seront peut-être d'un intérêt réel que pour leur auteur et quelques amis contents d'y trouver l'évocation de faits déjà lointains, restés chers à leur souvenir. Je les tire aujourd'hui de l'ombre, surtout pour répondre à un désir depuis longtemps exprimé par ceux qui furent alors les compagnons de ma double existence.

Octobre 1896.

*Impressions, de Juin 1870
à Juillet 1871.*

Juin-juillet 1870. — En notre vieux logis de la Salpêtrière, où la vie s'écoule, monotone, calme et douce, entre l'accomplissement de la tâche hospitalière quotidienne, la lente promenade, la rêverie dans le jardin frais, et le travail littéraire, la nuit, quand on s'appartient bien et que rien ne trouble le grand silence, une agréable nouvelle est venue me surprendre.

Un mot me mande à l'Opéra-Comique, où l'on a besoin de moi. Je n'ai jamais été à pareille fête ; je regarde sur ma table quelques manuscrits dramatiques ; je songe au plaisir que j'en ai tiré : celui de les écrire, courte joie suivie de déboires et de mécomptes ; je me dis que le moment est proche peut-être où tout cela va passer de l'ombre au soleil ! Un théâtre m'est ouvert ! Pourtant, je ne sais pas encore ce qu'on me veut, rue Favart ; — une désillusion ne va-t-elle pas s'ajouter à tant d'autres ?

J'ai donné à Bruxelles un gros drame; je ne l'ai jamais vu à la scène; j'ai donné à Paris un autre drame dont la représentation fut un chapitre du *Roman comique;* j'ai, avec mon collègue et ami Édouard Blau, qui noircissait hier encore du papier à l'Administration centrale tandis que j'en noircissais à la Salpêtrière, écrit la *Coupe du roi de Thulé*, un poème d'opéra, primé au concours du ministère des Beaux-Arts, qu'on jouera Dieu sait quand ; j'ai lu à la Comédie-Française une pièce en vers, que les encouragements d'Émile Augier m'ont fait écrire et qui, « réservée pour une seconde lecture », me restera pour compte, sans doute, immobilisé que je suis par cette lassitude qui m'empêche de revenir à la charge quand le premier coup frappé n'est pas décisif. — C'est le défaut de ma race gauloise.

Avec cela, quelques poésies dans *l'Artiste*, deux romans publiés dans *le Soir*, d'autres d'abord dans les journaux illustrés, besogne ingrate et misérable faite au jour le jour, souvent avec des illustrations, des « bois » ayant servi déjà à divers ouvrages, qu'il faut adapter à son propre sujet. — Ainsi ai-je, un certain jour, écrit un chapitre sentimental sur les derniers instants d'un vieux gentilhomme cévenol, afin d'utiliser un de ces clichés dont l'éditeur me remettait une grossière épreuve. — Le journal tiré, la gravure apparue très nette, j'ai fait une déplorable découverte : mon vieux gentilhomme mourant, c'était Catherine de Médicis !

Il est grand temps que quelque chose, si peu que ce soit, quelque chose de sérieux et de solide, vienne ranimer mon ardeur.

Je cours à l'Opéra-Comique ! Il ne s'agit point d'une fausse joie ; il s'agit bel et bien de la réalisation du plus cher de mes désirs.

Je trouve là, avec le directeur A. de Leuven, grand, mince, sec, l'air très gentilhomme, la lèvre légèrement ironique, le regard placide, son jeune associé, Camille du Locle, un poète, et son ami Charles Nuitter, qui compte déjà au théâtre une longue suite d'ouvrages.

On me met au courant.

L'Opéra-Comique devait jouer cette saison *le Timbre d'argent*, trois actes de M. Camille Saint-Saëns, jeune compositeur que l'on tient en haute estime, dont pourtant on retarde fort, je ne saurais dire pour quelles causes, le début au théâtre. Il a déjà fait un grand ouvrage : *Samson et Dalila*, et malgré son bagage musical considérable, n'a pu parvenir à le faire jouer à l'Opéra.

On ne m'explique pas quelle mauvaise chance

arrête *le Timbre d'argent;* mais en vue de cet ouvrage où se trouve un rôle de mime, on avait engagé une jeune danseuse milanaise, Luisa Trévisan, et il s'agit de la présenter au public avant la fin de son engagement.

Il faut, par conséquent, lui faire une pièce, un rôle. Charles Nuitter a trouvé le cadre, l'action. C'est un conte fantastique emprunté aux légendes rhénanes. La scène sera en Alsace, de nos jours, et l'acte — car il n'y aura qu'un acte — s'appellera *le Kobold*.

Le Kobold, c'est le génie du foyer, le petit être malicieux qui vous sert ou vous taquine, suivant qu'il vous aime ou vous déteste ; il fait, la nuit, l'ouvrage des ménagères aussi bien qu'il ennuie les palefreniers en emmêlant les crins de leurs chevaux.

On a sous divers noms mis souvent en action ce lutin de l'âtre, noir comme le grillon, dormant dans la peluche de la cendre.

Aujourd'hui, le lutin, ce sera Luisa Trévisan, un lutin féminin, car la légende est muette sur le sexe de ces petits êtres.

La musique sera écrite par Ernest Guiraud.

Et me voilà regagnant la Salpêtrière avec ma part de travail à faire le jour même. Il n'y a pas, en somme, à me monter la tête ; sans *le Timbre d'ar-*

gent qui manque, sans la danseuse qu'il faut faire danser, vaille que vaille, *le Kobold* n'existerait pas. C'est un pis aller ! Qu'importe, me dit-on, au théâtre il ne faut pas bouder devant une porte qui s'ouvre, une main qui se tend.

Je me mets donc à l'œuvre sans autre réflexion ; je passe la nuit, et quand l'aube vient réveiller les oiseaux qui perchent dans les tilleuls, mon travail est presque achevé. — Il l'est tout à fait à l'heure où la Salpêtrière s'anime et bruit autour de nous.

Dans la journée, nouvelle rencontre à l'Opéra-Comique. — On m'y met en présence de Guiraud, notre compositeur. C'est un garçon doux, pensif, l'œil spirituel ; il tortille, d'un geste machinal, sa barbe brune et se montre d'une complaisance et d'une bonté exquises. Il trouve très bien tout ce qu'on lui donne à musiquer et part, promettant d'apporter, le soir même, ses premières pages au copiste.

Il est convenu que la pièce sera jouée par Marie Heilbronn d'abord, et Nathan. — Les autres rôles seront donnés à divers artistes qu'on m'indiquera.

J'attends avec impatience le premier bulletin de répétition. — Je sais très grand gré à du Locle d'avoir pensé à moi pour cette improvisation. — C'est, selon le mot vulgaire, le pied à l'étrier et quand je songe que le moindre petit ouvrage au théâtre fait plus pour la notoriété d'un auteur qu'une publication, même importante, en librairie, je me tiens pour très content de ma bonne fortune.

Pourvu que rien, maintenant, ne vienne se jeter à la traverse et couper la route à ce *Kobold*, né d'une occasion fugitive, venu au monde si vite et en somme si fragile !

***

En revenant de l'Opéra-Comique, où, dans mon impatience, j'étais allé aux nouvelles, j'ai rencontré un ami qui me parle de notre situation politique.

Quelle situation politique? Je suis bien loin de ces choses; elles ne m'intéressent pas le moins du monde. Il paraît qu'un conflit peut s'élever entre la France et la Prusse au sujet de l'accession d'un prince de Hohenzollern au trône d'Espagne. Le roi Guillaume désire cela. L'empereur s'y oppose. Et voilà comment, dit mon ami très sérieux, nous pourrions bien avoir la guerre !

La guerre ! Pourquoi pas le choléra, la peste, tout de suite ! Il arrive toujours quelque chose comme cela quand on croit toucher à la réalisation d'un rêve agréable. La guerre ! Eh bien, *le Kobold*, alors?...

* *

Enfin on répète ! Nous avons tous nos artistes. Le kobold, Luisa Trévisan, est une enfant de dix-sept ans, blonde avec des yeux fleur de lin, une grâce ingénue répandue sur toute sa petite personne, et aussi une vivacité d'oiseau. Tout autre est Marie Heilbronn, qui chante le rôle de Catherine, — non moins jeune, mais brune, d'une pâleur ambrée, avec de grands yeux profonds, des cheveux soyeux, sur un front d'une pureté grecque, rêveuse et grave, une voix charmante, fragile encore.

La figure ronde et fleurie de Nathan, un vétéran de la maison, égaye le fond du tableau. Et avec lui voilà le ténor Leroy, Miral le second rôle et madame Brière.

Mocker, le régisseur, met en scène, avec une expérience raffinée des choses du théâtre. Ce dut être un bel artiste en son temps. Moustache noire et cheveux blancs, la physionomie mobile, des yeux parlants ; il va, vient, s'agite, joue tous les rôles, trouve un tas d'ingénieux détails qui font vivre le dialogue et mouvementent l'action, qui parfois traîne. On ne doit bien apprendre son métier d'auteur dramatique que sur les planches. Ces études menées rondement sont une bonne leçon pour nous : elles

1.

nous enseignent la brièveté, la clarté, le dédain de tout détail inutile.

Les juges sont là en la personne des directeurs « blaguant » volontiers une expression, une phrase, faisant la chasse aux mots équivoques, redoutables au théâtre, et qui parfois déchaînent le rire du public là où devrait s'éveiller son émotion.

* * *

L'ami dernièrement rencontré n'avait pas tort. Les nouvelles politiques sont inquiétantes. Le prince Léopold de Hohenzollern, que l'on donnait comme candidat au trône d'Espagne, a renoncé à cette destinée ; cela aurait pu tout terminer, mais à cette renonciation il y a eu une suite qui a tout gâté.

M. Benedetti, notre ambassadeur à Berlin, a demandé au roi de Prusse de ne plus jamais donner son autorisation à la candidature du prince. La démarche a été mal accueillie. Le roi a renvoyé l'affaire aux ministères, — une fin de non-recevoir, en somme.

M. Benedetti a voulu avoir une nouvelle audience. On la lui a refusée. Et finalement, comme il insistait, le roi aurait dit assez haut pour être entendu de notre ambassadeur :

— Allez donc dire à ce monsieur que je n'ai plus rien à lui communiquer.

Sur quoi « ce monsieur » avait tourné le dos et s'était retiré.

Et voilà la Chambre réunie, à la suite de ce gros incident, et tous les cerveaux en pleine fermentation.

On a entouré hier la voiture de l'empereur, en criant : « A bas la Prusse ! Vive la guerre ! »

Les étudiants ont fait une manifestation. On chante *la Marseillaise*, le *Chant du Départ*, le chœur des *Girondins*. Beaucoup de manifestants sifflent dans un petit instrument, surmonté d'une figure en carton, Bismarck à cheval, qui saute à chaque coup de sifflet et ne retombe que lorsque le sifflement a cessé. On crie de plus en plus : « Vive la guerre ! A bas la Prusse ! En voiture pour Berlin ! »

Tout Paris est dans la rue, peut-on dire, et cela dure jusqu'au delà de minuit, au milieu d'un tumulte de cris et de grondements sortant de la foule en marche.

Nous continuons à répéter ; — mais un souffle d'orage passe sur nous, un mouvement de fièvre nous énerve. A tout instant, de la scène où nous travaillons, nous courons aux fenêtres du foyer des artistes, qui donnent sur la rue Monsigny, appelés par les cris venus du boulevard, où des groupes tumultueux passent en chantant et en vociférant.

A travers tout cela, *le Kobold* va comme il peut ; il va, c'est l'important. On me remet mon bulletin de répétition pour demain.

*

Ce qu'on nous annonce, ce matin, ne surprendra maintenant personne : la guerre est déclarée ! Elle l'est depuis trois jours, la déclaration ayant été envoyée à Berlin dans la nuit du 17 juillet. Aujourd'hui, 20, Paris connaît officiellement la nouvelle.

Déjà les détails abondent. On sait les forces de l'ennemi et les nôtres. Nos officiers iront au feu sans épaulettes, avec de simples galons sur les manches. Nous aurons un fort contingent de garde nationale mobile, une garde nationale sédentaire, un enrôlement de volontaires, comme en 1792. Ce doit être un grand mouvement patriotique ; nul ne doute du succès ! Une joie héroïque est dans les âmes. Nous croyons à l'avenir !

On a beaucoup daubé sur l'Empire et l'empereur, ces temps derniers. *La Lanterne* de Rochefort leur a fait une blessure plus profonde et plus vive que toutes les oppositions parlementaires.

L'empereur partira avec l'armée. Il emmènera le prince impérial. L'enfant recevra là-bas le baptême du feu.

Au milieu de tout cela, et étant donné que tout maintenant est pour le mieux dans le meilleur des mondes, je reprends confiance en la destinée de notre modeste *Kobold* et j'en entrevois prochaine la représentation. Il se dessine, il se formule assez bien. Luisa Trévisan est bien le lutin rêvé. En costume de travail, serrée dans un corselet noir, avec un ballon de jupes blanches, elle va, vient, bondit, disparaît par une trappe anglaise, revient par une autre, s'enfonce dans le sol, reparaît, aérienne, au-dessous des frises, crève d'un coup de tête la plaque de la cheminée et rentre par la fenêtre défoncée. Puis, plus posément, elle se met à danser, enfermant le ténor dans le cercle magique de son vol. C'est un enchantement pour les yeux.

Puis, c'est Marie Heilbronn qui chante, câlinement appuyée à l'épaule du vieux Nathan ; c'est Nathan lui-même qui cherche des effets comiques dans l'emploi de son énorme parapluie. Il lui fait un sort à ce parapluie ; il le ferme, il l'ouvre, avec des craquements extraordinaires ; il l'a perdu, c'est une angoisse ; il l'a oublié, il le ressaisit, c'est une joie débordante. Vieux jeu, vieux théâtre, vieux effets classiques ; la foule s'en amuse toujours, plus que de la pièce même, comme des assiettes cassées au moment où l'intérêt languit et de la chaise qu'on retire par mégarde quand un personnage va s'asseoir.

Tout dans le théâtre de l'Opéra-Comique va selon cette tradition, qui remonte aux tréteaux de la Foire, et toujours la poésie et la musique sont les bien humbles servantes de la pasquinade.

On rit, on s'amuse, c'est l'important. Et comme *le Kobold* se passe en Alsace et de nos jours, voilà que nous nous mettons à bourrer le dialogue d'allusions victorieuses. Toutes les fois qu'il est question du Rhin, — ce Rhin que nos troupes vont franchir — et il en est question souvent, c'est à qui piquera dans la phrase un mot à effet.

Le meilleur de ces mots, c'est le flegmatique Leuven qui le donne.

— Le Rhin à traverser, ce n'est qu'un pas, prononce-t-il, — mettez donc ça.

Et on applaudit, et le mot est enchâssé dans une réplique du ténor.

Le temps passe gaiement ; nous voilà accoutumés à l'idée de la guerre et enflammés par le pressentiment de la victoire. La première représentation du *Kobold* est fixée au 26 de ce mois.

* *

L'empereur est parti, ce matin. C'est l'événement du jour et le sujet de notre causerie. Et bien des opinions contradictoires s'expriment à propos de ce départ. L'empereur n'est plus l'homme de la guerre d'Italie. On le dit malade, très malade, dissimulant son mal. Il va là-bas, non pour lui sans doute, mais pour le « petit ». Il veut nouer d'un lien solide le présent au passé, assurer la fermeté de l'empire par quelque parade aventureuse.

Je suis de ceux qui ne voient plus l'empereur à cheval, à la tête des régiments ; j'ai dans la mémoire sa physionomie apparue deux fois en ces derniers mois.

La première fois, c'était auprès du nouvel Hôtel-Dieu, en voie d'achèvement. Il était seul, marchant lentement, vers le quai aux fleurs, la mine grise, le regard perdu dans une rêverie vague, la moustache toujours bien cirée, les cheveux plaqués aux tempes ; coiffé d'un chapeau à larges ailes, vêtu d'un long pardessus, il allait à petits pas, s'arrêtant parfois de l'air distrait d'un bon bourgeois qui flâne, d'allure un peu alourdie sans doute, d'apparence encore solide pourtant.

A l'Opéra, la seconde fois, — ce n'était déjà plus le même homme. Le mal, on le voyait, l'avait touché et il ne prenait pas la peine ou peut-être n'avait pas la force de le dissimuler. Assis sur le devant de la loge, à côté de l'impératrice, la tête penchante, les épaules comme accablées, il ramenait d'un mouvement machinal sur ses genoux une couverture dont il était enveloppé.

Et c'était ce malade, au tempérament en apparence ruiné, qui allait monter à cheval, courir les hasards, affronter les périls et les fatigues d'une campagne à la frontière !

C'est un joueur, je crois ! Aventureux, risquant le tout pour le tout, fataliste, croyant à son étoile, comme y croyait son oncle. Il a, quand on l'examine, l'apparence d'un inconscient, d'un indifférent et autour de lui les événements pourtant marchent comme activés par une mystérieuse puissance mentale !

Quel rôle réellement a-t-il joué le 2 décembre ?

A-t-il été un instrument ou une volonté ?

L'a-t-on conduit au but, ou bien a-t-il agi en vertu d'un plan savamment tracé, impitoyablement suivi ?

Qui le dira ?

L'autre jour nous dînions chez des amis. Il y avait là, parmi les convives, un familier de celui qui fut l'un des premiers artisans de l'Empire, le premier peut-être, M. de Persigny. Et comme on parlait du coup d'État avec une indignation que près de vingt ans n'ont pas étcinte et que la présence de ce pur impérialiste ne modérait pas, quelqu'un s'avisa de dire que l'empereur portait toute la responsabilité de cette violation des lois, que Persigny, Morny et les autres n'avaient été réellement que des comparses menés par ce silencieux au but de son rêve obstiné.

Alors, voilà notre homme qui se monte et, orgueilleux de l'œuvre accomplie, entreprend de nous démontrer que les serviteurs de l'Empire ont tout fait et que l'empereur n'est qu'un imbécile !

L'histoire est ainsi toujours voilée de nuages ; pour l'écrire d'un esprit tranquille, je crois bien qu'il faudrait le faire à la façon de l'abbé Vertot, — c'est-à-dire l'inventer.

※※※

Ça n'a pas traîné ! Il n'y pas huit jours que l'empereur est parti et voilà le télégraphe qui parle. Nos soldats ont passé la Sarre à Sarrebruck. On s'est battu de onze heures du matin à une heure de l'après-midi ; devant l'empereur et le prince impérial, les mitrailleuses on fait « merveille » comme naguère le chassepot à Mentana. Première victoire !

La dépêche impériale dit que l'enfant a été admirable de sang-froid.

Elle ajoute :

« Louis a conservé une balle qui est tombée tout près de lui. »

On trouve quelque cabotinage en ce récit qui se corse d'attendrissement :

« Il y a des soldats qui pleuraient en le voyant si calme. »

Il est peut-être plein de courage, ce petit homme. Pourquoi le mettre ainsi en scène de façon à le rendre ridicule ?

Enfin, il ne faut pas éplucher de trop près la littérature paternelle de César !

L'essentiel, c'est que la victoire est à nous. La semaine prochaine, sans doute, nous serons à Berlin ! On en parle.

Après Sarrebruck, Wissembourg, hélas ! Nous avons essuyé un échec terrible à Wissembourg ! Des canons pris, des prisonniers, une lutte de plusieurs heures contre des forces dix fois supérieures, les nôtres surpris pendant qu'ils faisaient la soupe, une charge héroïque de turcos. Tout cela se brouille dans l'imagination. Puis la terrible réalité se dégage : nous sommes battus et l'ennemi est sur le sol de la France !

Et portés aux jugements extrêmes, nous voyons déjà l'armée prussienne devant Paris.

La première représentation du *Kobold* a eu lieu le 26 juillet.

Bonne petite soirée. Remerciements des directeurs. Félicitations du ministre. Longue série de représentations promise, si le théâtre ne ferme pas. Mais voilà! on se déshabitue d'y venir, au théâtre! Le spectacle est dans la rue. On multiplie partout les à-propos pour attirer la foule. A l'Opéra, à l'Opéra-Comique, à la Comédie-Française, les meilleurs artistes sont en tête du mouvement patriotique.

A l'Opéra-Comique, que je suis plus assidument, on a d'abord chanté le *Rhin allemand*, de Musset :

> Nous l'avons eu, votre Rhin allemand,
> Il a tenu dans notre verre.

Maintenant on le chante moins, le *Rhin allemand!* Cette bravade ne nous va déjà plus; elle nous attriste. On le remplace par un chant de résistance emprunté aux œuvres de Béranger :

> Serrons nos rangs,
> Espérance
> De la France!
> En avant, Gaulois et Francs!

Léo Delibes a composé sur ces vieilles paroles une musique toute neuve. On chante son *En avant* tous les soirs, le plus souvent on y ajoute *la Marseillaise*.

J'ai entendu *la Marseillaise*, à la Comédie-Française, déclamée par la tragédienne Agar, superbe avec sa belle tête pâle, casquée de lourds cheveux noirs, et ses bras de statue. De chaque côté de la scène, deux volontaires de 92 un drapeau à la main s'agenouillaient pour le couplet sacré.

Le soir où la nouvelle de Wissembourg est arrivée, tout Paris a roulé comme un torrent par les rues. A la porte d'un changeur du boulevard Montmartre, un misérable imbécile a crié : « Vive la Prusse ! Voilà la revanche de Sarrebruck ! »

On l'a assommé de coups. Sans l'intervention des sergents de ville, on le tuait.

La foule a criblé de pierres les vitres et la devanture du changeur — et à la craie sur les volets, on a écrit :

« Pour cause d'insulte à la France, fermé jusqu'à la prise de Berlin. Ordre du peuple. »

Tout compte fait, il y a erreur. Le changeur est celui de l'ambassade de Russie et non celui de l'ambassade de Prusse ; on avait commencé à démolir l'écusson à l'aigle noir. On l'a rétabli avec des bravos, et la scène s'est terminée aux cris de « Vive la Russie ! »

Ces incidents de la rue ne sont rien. Ce qui est gros de menaces, c'est cette armée prussienne qui vient. Où est la nôtre? On n'en sait rien, rien de positif du moins. Le gouvernement cache ou altère la vérité.

L'impératrice, qui est régente, date des Tuileries une proclamation, où elle « adjure tous les bons citoyens de maintenir l'ordre. Le troubler serait conspirer avec nos ennemis ».

Un souffle de peur passe dans l'air.

On est à l'une de ces heures mornes qui précèdent le déchaînement d'un orage.

Paris est déclaré en état de siège.

Nous passons maintenant notre temps à éplucher le texte du *Kobold*, à en faire disparaître toutes les allusions à nos victoires futures. Hélas! il ne s'agit plus de passer le Rhin à cette heure!

Ascension du Nouvel Opéra. — Un mot de du Locle m'a appelé. Il s'agit d'aller visiter l'Opéra, où l'on parle de fonder une ambulance, et d'établir le devis du matériel. Je me mets immédiatement en campagne; je me procure les renseignements relatifs au prix des lits, de la literie et des ustensiles, et j'arrive au rendez-vous avec mes notes. Je trouve là l'architecte Charles Garnier, Perrin, directeur de l'Opéra de la rue Le Peletier, du Locle, Charles

Nuitter, quelques médecins, des artistes et parmi eux le peintre Baudry, je crois.

Et la visite commence. On ne parle guère de l'ambulance et je ne vois pas trop où on la mettra dans les flancs de cette montagne de pierre qu'escaladent des escaliers sans rampe, où s'enchevêtrent des échafaudages. Nous passons devant un gouffre d'ombre ; dans cette ombre se discerne pourtant une petite excavation noire. On me dit que c'est la scène, l'immense scène ; dans ce grand mur nu qui monte vers le faîte et s'enfonce dans la terre à des profondeurs considérables, elle me fait l'effet, cette scène, de n'occuper pas plus de place qu'une modeste baume ouverte dans un haut rocher à pic.

Nous montons, nous montons encore. Par l'escalier entre un jet de lumière. Nous arrivons au sommet de l'édifice sur les dalles larges qui bordent le toit au-dessus de la salle ; le gigantesque Apollon du fronton se dresse, tendant vers le ciel sa lyre d'or : à ses pieds nous devons être, vus d'en bas, comme des fourmis ; à la file indienne, nous passons devant le grand Apollon porte-lyre ; à ces hauteurs, une brise fraîche souffle et nous donne l'illusion de la montagne. Tout Paris s'étale autour de nous, serré, massé. C'est une mer aux flots ardoisés et roses où flottent comme des vaisseaux les sombres nefs des églises et se dressent comme des mâts quelques flèches aigues trempées d'or. Les buttes Chaumont, Montmartre, le mont Valérien, les hauteurs de Bellevue, le plateau de Châtillon sont les lointaines falaises et le rivage de cette mer polychrome.

On continue à ne pas parler de l'ambulance; mais des idées champêtres nous montent au cerveau dans la griserie des sommets; on plaisante; on parle d'établir une laiterie sur les terrasses immenses, à l'abri des acrotères. D'en bas, on ne verrait rien et les belles dames pourraient venir faire ici une cure d'air et prendre une tasse de crème, si par hasard l'ennemi nous bloque, ce qui est bien invraisemblable, affirment les gens entendus, malgré quelques inquiétudes nouvelles.

En réalité, je crois que nous sommes venus pour voir de près les détails du colosse qui servira un jour de logis à la musique dramatique.

Les statues, les ornements de bronze, les masques et les lyres, et les gorgones, et les trophées couvrent déjà les saillies et les angles. Des aigles s'ébattent sur les colonnes hautes, de chaque côté de l'édifice. Et il y a partout le monogramme NE : Napoléon, Eugénie, destiné à apprendre aux générations futures que ce monument aux proportions babyloniennes a été construit sous le second empire.

Cette signature souveraine sur la pierre des palais a bien des inconvénients. Le régime peut changer, une révolution peut venir; le peuple, en détruisant les insignes d'un pouvoir déchu, gâte l'œuvre de l'architecte, en couvre la façade de laides cicatrises.

Comme je fais tout haut cette réflexion sur les N et sur les E étalés à profusion, une voix gouailleuse me dit :

— Rassurez-vous. Tout ça se dévisse!

Du 12 août au 3 septembre. — Tristes jours que ceux que nous venons de traverser, jours pleins d'angoisses, de fausses joies, de nouvelles terrifiantes. La garde nationale s'organise, les citoyens vivent dans la rue; on fait cercle autour des lecteurs de journaux : des soldats débandés, venant on ne sait d'où, traînent dans les carrefours; on les injurie, on les arrête !

Mac-Mahon est battu. Forbach, Frœschwiller, voilà des noms à inscrire aux pages noires de notre histoire. Le héros de Magenta est refoulé dans les Vosges; l'armée de la Moselle obligée de se replier sur Metz, et la tache d'huile de l'invasion s'étend sur notre France, gagne de proche en proche vers Paris !

Les provinces envahies sont soumises aux réquisitions les plus dures. Une haine sauvage anime le vainqueur. A Paris, on s'exalte, on proclame déjà de quelle façon on le recevra. Les Prussiens sont entrés ; il faut qu'ils ne soient venus en France que pour y être écrasés jusqu'au dernier ! Paris sera le témoin et l'artisan de la vengeresse hécatombe !

Une formidable gasconnade nous a, certain matin, annoncé une grande victoire, soixante-dix mille prisonniers, quarante mille hommes tués, le prince Charles affolé demandant un armistice que l'empereur lui aurait refusé. La vérité, la voici : Strasbourg bombardé, Metz investi, des batailles perdues, Mars-la-Tour, Borny, Gravelotte, Reischoffen ! On se perd dans les noms ; l'histoire les fixera ; la réalité présente est navrante.

Enfin, le dernier coup ! l'armée réfugiée et mitraillée dans la ville de Sedan, l'empereur prisonnier, l'écroulement de tout, la France sous le talon du César prussien.

L'empereur est fini ; — mais l'empire ?

Il craque de toutes parts, l'empire. Que va faire Paris ?

Le général Trochu, qu'on dit homme de tête, est nommé gouverneur. Il a tout pouvoir sur tout. Nous sommes maintenant comme des naufragés dans une île que la tempête bat de toutes parts. Il va falloir régler nos affaires intérieures, organiser la défense, blinder nos remparts et aussi nos cœurs, car une rude besogne se prépare.

***

4 septembre, soir. — « La République est proclamée !... » — Quelqu'un nous a jeté ces mots au passage. Ils ne nous ont pas surpris. Nous les attendions. Depuis quelques jours l'événement était prévu, annoncé. Le désastre de Sedan avait dû précipiter les choses. C'était ce désastre pourtant qui dominait en nous toute autre pensée : nous songions moins, en cette journée, à l'avenir de la France qu'à son douloureux présent.

Allons voir ! Et nous partons, sans hâte, d'un pas de promenade. Peu de passants sur les quais, le long du Jardin des Plantes. C'est la physionomie ordinaire de ce quartier paisible. Cependant, il nous semble qu'il y a dans l'atmosphère quelque chose de particulier, un air de bataille, un « air d'accident », impression purement nerveuse assurément de gens qui marchent vers un point déterminé, où ils savent que se passe ou va se passer quelque chose de grave.

Ce point, c'est le cœur de la Cité, c'est la place de l'Hôtel de Ville, où le peuple de Paris, aujourd'hui, va faire de l'histoire.

A mesure que nous en approchons, le mouvement s'accentue : des gens vont, se hâtant, bien que l'on circule très facilement sur les ponts et sur les quais.

Il est trois heures environ. Sur la place où nous arrivons alors, il n'y a point de cohue. On passe facilement entre les groupes qui commentent les événements accomplis depuis le matin, échangent les nouvelles contradictoires sur la situation de l'armée.

On dit que la Chambre a été envahie, qu'il n'y a pas eu de sang versé, que tout s'est fait comme d'un commun accord. Et voici, débouchant de l'avenue Victoria, une troupe de jeunes gens, de femmes et de gamins, dont l'un agite à la pointe d'une épée un bicorne de sergent de ville. Ils passent, traversent la place de l'Hôtel-de-Ville et s'en vont vers la rue Saint-Antoine, promenant leur trophée, conquis dans quelque bagarre, et poussant des cris qui se perdent dans le murmure de la foule, d'instant en instant plus houleuse.

Toutes les têtes sont levées vers le premier étage de l'Hôtel de Ville dont la plupart des fenêtres sont ouvertes. Des hommes passent dans les vastes salles. On les reconnaît, on les nomme. C'est Jules Favre ; c'est Pelletan ; c'est Glais-Bizoin ; c'est Jules Ferry. Et quelquefois on se trompe en les désignant. On n'est pas sûr que tel visage entrevu passant dans la baie de la fenêtre appartienne bien à telle personnalité. Et les discussions vont leur train et aussi les commentaires.

— Que font-ils là dedans ? Est-ce qu'ils ne vont

pas jeter à la foule les noms du gouvernement provisoire ? Est-ce que vraiment ils ont proclamé la république ?

Il y a en tout cela plus de curiosité que de passion. L'attente énerve les groupes pourtant.

Tout à coup, du côté du pont Notre-Dame, on crie :

— Rochefort ! voilà Rochefort !

Une poussée vers le pont ; puis on s'écarte devant une voiture découverte chargée d'hommes agités et gesticulants. Au milieu d'eux, Rochefort debout, saluant ceux qui l'acclament, serrant les mains qui se tendent vers lui. Ses grands yeux bleus, des yeux d'enfant, sont pleins de joie, ses cheveux tordus comme une flamme sur un front bombé, sa bouche narquoise et doucement rieuse, sa barbiche aiguë, sa silhouette maigre, lui donnent l'air d'un Méphistophélès en habit de ville. Le teint est fort pâle, même jaune, un teint d'hépatique; il accuse quelque souffrance physique.

Lui, tout le monde le connaît. Les portraits et les caricatures ont mis sa figure, d'ailleurs très caractéristique, dans la mémoire de tous. Et c'est une joie générale qui s'exprime à son passage. Une femme le regarde avec attendrissement et me dit :

— Le pauvre petit ! comme il est pâle ! Il a souffert.

Dans le sillon creusé à travers la foule, la voiture arrive jusqu'au pied du perron de l'Hôtel de Ville, le flot humain se referme, ne laissant plus apercevoir, de l'endroit où nous sommes, que le haut-relief de bronze du bon roi Henri IV, cavalcadant dans le tympan du palais municipal.

On se raconte alors qu'on est allé cherché Rochefort à Sainte-Pélagie, où il était détenu et qu'on a mis en réquisition la première voiture rencontrée pour l'emmener triomphalement à l'Hôtel de Ville. Une dame occupait cette voiture. On l'a priée de la céder, ce qu'elle a fait ; mais dans son trouble elle a oublié son ombrelle ! Et c'est ainsi que le célèbre auteur de *la Lanterne* est arrivé à l'Hôtel de Ville, sans se douter peut-être qu'il avait à portée de sa main un sceptre pacifique évoquant vaguement la déjà lointaine image du parapluie légendaire du roi-citoyen.

Pourtant, Rochefort entré, on continuait à ne rien savoir. L'Hôtel de Ville restait impénétrable.

Déjà, on se défiait.

— Qu'est-ce qu'ils font donc ? Ah ! ils n'aiment pas Rochefort, les autres; son arrivée doit les gêner.

Déjà les listes courent. La république est faite. Les noms des membres du gouvernement provisoire sont connus. Mais le nom de Rochefort n'est pas sur cette liste !

2.

Alors des cris s'élèvent impérieux vers les fenêtres où des personnages continuent à passer ou à stationner.

— Rochefort!... Rochefort !

On sent qu'il ne faudrait qu'une minute d'indécision encore pour précipiter ces masses humaines, sans cesse grossies, vers la salle des délibérations, voulant voir décidément « ce qu'ils font là-haut ».

Enfin à une fenêtre de gauche, Rochefort paraît. Il fait des signes vers la place, comme pour calmer l'effervescence populaire. Et un homme, est-ce Jules Favre? est-ce Pelletan? peu importe, — on ne voit dans le fait qu'un symbole d'accord, — un homme s'approche et embrasse Rochefort.

Une immense acclamation s'élève. Il semble que la pièce est finie après ce dénouement attendu.

Et voilà les acteurs qui commencent à descendre de l'Hôtel de Ville et se mêlent aux spectateurs. On les salue, on leur serre les mains. Des voitures s'approchent, ils s'y entassent pour aller porter sur divers points de Paris les ordres et les résolutions d'après lesquelles la politique nouvelle va s'orienter. Grave tâche, responsabilité lourde ; tout le pays est déchiré ! C'est maintenant qu'il va falloir bien recoudre.

Voilà Pelletan avec son grand air de prophète biblique ; voilà Glais-Bizoin, tout petit à côté de lui, profil de casse-noisette, enfoui sous son vaste chapeau gris rose, aux poils rebroussés. Puis, çà et là, dans les remous de la foule, les autres archontes. Je ne les reconnais pas; on les entoure, on les hisse sur leurs véhicules.

Ils sont partis, escortés de clameurs ! La garde nationale a pris le service à l'Hôtel de Ville. De ce côté tout est bien fini. C'est la fin d'un chapitre d'histoire en apparence fort simple. La troisième république est née, délivrance toute naturelle, semble-t-il. Si beaucoup de sang coule là-bas, vers l'Est, le pavé de Paris ne sera pas rouge aujourd'hui; aucune convulsion n'a secoué la grande ville. Il y a partout un air de joie. C'est l'entraînement des premières heures de victoire; on s'aveugle, on oublie !

Nous passons, nous tournons l'Hôtel de Ville; une foule nouvelle est là sur la seconde place, devant la caserne, regardant des soldats qui décapitent l'aigle du fronton, s'efforcent de l'arracher; une corde que d'autres tirent d'en bas, se tend, au milieu des « hisse ! » sans résultat appréciable. On va laisser l'aigle en place. D'ailleurs les chiffres impériaux ont déjà disparu. Dans quelque temps, on mettra à l'aigle la tête de quelque autre bête. Ainsi la pierre tenace étalera encore longtemps les vestiges des régimes anciens. La passion des foules n'y pense pas tout d'abord. Des initiales ou des emblèmes effacés n'effacent pas l'histoire. Il vaudrait bien mieux laisser la pierre et le bronze tranquilles, les regarder sans colère comme des témoins irresponsables. Mais l'homme est un animal destructeur instinctivement ; son opinion ne lui semble pas bien formulée quand il ne commence pas par casser quelque chose. S'il ne s'agit que de choses, passe encore? L'autre jour, la foule jetait un homme à l'eau, l'accusant de je ne sais quelle vilenie ! Un autre l'avait peut-être commise. Le noyé innocent n'est pas revenu pour le dire ! Il ne faut pas se révolter. A cela, les siècles accumulés ne changeront rien.

* *
*

Un jour que je visitais la très curieuse ville d'Ypres, que le voyageur communément néglige, parce qu'elle n'est pas suffisamment cotée sur les guides, on me fit voir une petite fenêtre de la haute tour du beffroi.

De là, en 1308, si ma mémoire est fidèle, les Yprois s'amusèrent à jeter, un à un, sur la pointe des piques de leur garde bourgeoise, quelques échevins qu'ils avaient préalablement tenus en geôle étroite et sans nourriture.

Et cela parce qu'en une récente rencontre avec les soldats de France, on avait attribué la défaite des milices yproises à quelque traîtrise des échevins. Ces derniers, bien et dûment embrochés ou assommés, on s'avisa de découvrir qu'ils étaient parfaitement innocents. — On leur fit alors des funérailles magnifiques! Et l'opinion fut satisfaite par la réparation, comme elle l'avait été par la vengeance.

***

Une voiture passe vide. Nous nous en emparons et tout en causant de ce que nous venons de voir, nous roulons vers les grands boulevards. A la hauteur de la porte Saint-Denis, une barrière humaine nous arrête. La grande voie qui va de la Madeleine à la Bastille est maintenant le lit tumultueux d'un fleuve à double courant contraire. Des voitures sur quatre ou cinq rangs montent ou descendent; on voit à peine les chevaux, noyées qu'elles sont dans les rangs serrés d'une foule grouillante et hurlante. Toutes sont chargées de grappes d'hommes et de femmes et c'est miracle qu'aucun accident n'arrive. Le flot heureusement roule avec une lenteur presque majestueuse. Mais si la coulée est lente, chaque vague s'agite, retentissante, frémissante. Des gestes coupent l'air frénétiquement, des mains s'agitent, secouant des drapeaux et des écharpes, de longs cris traversent l'espace. Et sur tout cela, passe un grand souffle chaud, les flèches aveuglantes du soleil à son déclin traversent ces masses bigarrées, avivant brutalement les couleurs, mettant une étincelle au métal des voitures ; la fumée bleuâtre des cigares monte avec la poussière du sol, enveloppant toute cette foule en marche, d'un nuage léger à l'œil, pesant à la respiration.

Des bonjours et des vivats s'échangent d'une voiture à l'autre. On a reconnu, dans une victoria, madame Gueymard de l'Opéra. On lui a crié de toutes parts : *la Marseillaise.*

Et debout, de sa belle voix sonnante, elle a chanté l'hymne populaire.

Devant nous, une autre voiture passe. Avec de grands gestes, un jeune homme, barbe et cheveux noirs, teint ambré, crie : « Vive la République ! » de toute la force de ses poumons d'acier. C'est Gailhard, le chanteur de l'Opéra, en compagnie de quelques camarades.

Tout cela passe comme une vision de rêve. Nous allons jusqu'au bout de la promenade.

L'enivrement de la foule nous gagne. Bientôt nous nous dégageons ; la voiture nous ramène d'une vive allure le long des quais, restés silencieux et presque déserts, comme au commencement de l'après-midi. Et nous rentrons, à la nuit tombante, sous les ombrages du vieil Hôpital Général.

Au-dessus de Paris, s'élève déjà la buée rougeâtre qu'y met chaque soir la réverbération du gaz.

Nous causons un peu avant de nous quitter. Nous nous reprenons à songer aux événements de ces derniers jours, aux heures prochaines pleines de menaces. La conquête du jour, la République triomphante nous donnera-t-elle au moins le courage, la résistance dont nous allons avoir besoin ?

Demain ! Que sera demain ?

On me raconte une bien amusante histoire. C'est l'épilogue comique de la journée du 4 septembre. Il paraît que le peuple, après avoir envahi la Chambre, a oublié le Sénat !

Et les pères conscrits sont restés là-bas, dans le Luxembourg, au courant des événements et attendant que l'on vînt leur faire violence.

Et comme on n'est pas venu, le président a engagé les sénateurs à se disperser spontanément. « Nous serions morts à notre poste, aurait-il dit ; mais puisque rien n'exige un tel sacrifice, nous n'avons plus qu'à nous retirer. »

C'est une fin d'acte d'opérette.

**

17 septembre. — Première veille d'armes. — Nous monterons ce soir notre première garde au rempart du 9e secteur, c'est-à-dire en plein sur la ligne du chemin de fer d'Orléans, qui sort là de Paris par une levée de quelques mètres.

On dit que nous sommes bloqués, que les Prussiens, invisibles pourtant, sont autour de nous, qu'ils entreront peut-être cette nuit dans la ville mal fermée, insuffisamment défendue.

Tout le long des fortifications, des travailleurs volontaires sont à l'œuvre. Il y a des femmes, il y a des enfants. On remplit, on apporte des sacs de terre, on les empile méthodiquement sur l'épaulement du rempart. Ils doivent abriter les tireurs, amortir l'effet des projectiles de l'ennemi.

Cette fourmilière s'active sous la surveillance et sous la direction de quelques officiers du génie. Des officiers de marine marchent lentement sur le chemin de ronde, le long des bastions, derrière un homme de haute taille qui cause avec un autre, petit, maigre, sec. Le grand, c'est l'amiral de Chaillé, chargé du commandement du secteur; le petit, dont je ne sais pas le nom, c'est le contre-amiral qui l'assiste dans ce commandement.

La marine ainsi a pris pied sur le vaisseau de pierre de la ville de Paris. On a confiance en elle, on l'aime ! Elle bénéficie de toute l'impression terrible ressentie par la foule aux nouvelles des désastres subis par nos armées de terre.

Ils sont rudes et calmes, ces marins habillés à la diable, sans trop de souci de la correction de l'uniforme. On les regarde avec attendrissement. On répéterait volontiers la devise de la Ville, le *Fluctuat nec mergitur*, qui s'enroule au-dessus du vieux vaisseau d'argent des bateliers de Lutèce, sur le champ rouge et bleu de l'écusson.

Les Prussiens viennent. Ils peuvent venir ! Les marins les attendent de pied ferme, comme à leur bord, et la bonne garde nationale, en y songeant, se sent du cœur au ventre et ne demande qu'à marcher !

Un vieil artilleur, de notre compagnie, regarde du coin de l'œil la ligne des sacs de terre qui continue à s'allonger et à monter sur l'épaulement :

— Peuh ! grogne-t-il, c'est une ceinture de mousse, ça ! A quoi ça va-t-il servir ? Vieux système ! vieille mode ! Et puis, est-ce que nous les verrons seulement, ces animaux-là ? Ils vont se terrer comme des taupes ! Pas de danger qu'ils attaquent de près. Ils s'en foutent pas mal de nos sacs et de nos flingots. Ils vont nous faire manger de la vache enragée, un bout de temps, puis nous affamer !

On croit pourtant à l'approche, à l'attaque immédiate, par quelque coup de force et d'audace. On assure encore que l'investissement est complet. Les trains partis ce matin par toutes les gares sont les derniers.

Ils ne rentreront pas. Ils emportent ceux que la perspective d'un siège épouvante, les enfants, les femmes, les vieillards, que la sollicitude du chef de famille oblige à partir. Les premiers, on les a déjà baptisés : les francs-fileurs ; les autres, on les plaint, on les voudrait plus nombreux. Il ne devrait rester dans la ville que des combattants. Mais il y a des femmes, — les femmes sont braves, — qui préfèrent à l'absence solitaire tous les dangers courus en commun. Aucun de ceux que j'aime n'a voulu s'éloigner. Quelles que soient les épreuves prochaines, famille, parents, amis, nous les subirons ensemble.

Ce neuvième secteur, que nous avons ainsi visité en simple curieux, nous allons l'occuper, ce soir, le garder militairement. Je dirais : « Jouer aux soldats », si les circonstances n'étaient pas si graves.

Dans l'après-midi, on a renouvelé les élections de ma compagnie. On avait, en août, déjà formé les cadres ; mais c'était l'empire. La République va peut-être tout remettre en cause, faire rentrer les gradés dans le rang et galonner les simples soldats. A notre grande satisfaction, rien ne change. Le gros de la troupe est formé des hommes de la Salpêtrière, hospitaliers, ouvriers, maris, fils ou frères de ces surveillantes dont les cornettes et les cottes sont encore selon la façon du xviie siècle, et qu'au temps de Vincent de Paul, et même jusqu'après la Révolution, on appelait des officières. Tous camarades, s'entendant bien.

Le capitaine, ce sera encore mon ami Hippolyte Dunon, un grand aîné pour moi. Il a fait le coup de feu dans la rue en 1848; il a été un gamin de Paris; il est aujourd'hui homme d'autorité, d'une grande force morale et d'un grand sang-froid, bien planté, d'ailleurs, de belle figure, de parole ferme, très aimé. Je n'ai eu qu'à prononcer son nom pour que tous les suffrages se portent sur lui.

Il ne commande pas militairement ; entre nous, il avoue qu'il est faible sur la théorie ; il commande bravement, et c'est tout ce qu'il faut. Nous croyons encore aux prodiges patriotiques de 1792 ; nous pensons qu'une autre invasion suscitera d'autres héros. — Moi, je reste caporal. — Ce grade comble mon ambition ; il me dispense de faire faction, car, distrait, l'oreille imparfaite, toujours tourmenté du besoin de changer de place, je ferais une médiocre sentinelle : j'exposerais mes compagnons d'armes à toutes les surprises et moi-même à toutes les sévérités. Caporal, et surtout caporal-fourrier, avec un galon d'argent au-dessus du double galon rouge, — ainsi l'a voulu le capitaine Hippolyte, en vertu du pouvoir discrétionnaire qu'il s'adjuge dès la première heure et que personne ne discute,—me voilà, au contraire, tout à fait à mon affaire. Je serai l'ordonnance du chef, son secrétaire, son confident, l'historiographe de la compagnie, si elle doit jamais avoir son histoire.

Le commandant du bataillon, grand beau garçon sec et basané, aux yeux de flamme, aux longues moustaches, me marque de la sympathie. Tout est au mieux. J'ai d'ailleurs un solide fusil, un fusil à tabatière, hélas ! mais la batterie joue bien ; un petit sac en bandoulière remplace la giberne, car l'équipement de notre milice est loin encore d'être complet. Nous n'avons pas même d'uniforme. Dans le sac, des cartouches, un revolver, une petite provision de chocolat, un peu de linge de poche ; me voilà tel que je vais figurer parmi les défenseurs de Paris.

Cinq heures ! Il faut dîner à la hâte ; nous devons être rendus au secteur à sept heures et il y a un joli bout de route entre le boulevard de l'Hôpital et le bastion de la voie ferrée d'Orléans. Le bon sergent-major Aloncle active tout le monde.

**

18 septembre. — Quelle nuit ! quelle journée ! Cette date du 17 septembre, désormais historique, puisqu'elle est celle de l'investissement de Paris, a été pleine d'incidents, incidents pour la plupart burlesques sur ce fond sombre des premières angoisses d'une ville assiégée. Les moindres choses y ont pris une importance parfois énorme et tout à fait inattendue. Est-ce là la réalité ou la parodie de la vie militaire en temps de guerre? Quand l'histoire parle et nous raconte les faits accomplis, victoires ou défaites, elle ne nous dit presque jamais de quels éléments, très petits parfois, ils se sont formés.

Je me rappelle ce personnage que peint Stendhal, traversant un coin de la plaine de Waterloo, n'apercevant qu'un vulgaire et prosaïque détail de cette immense hécatombe, et constatant avec étonnement ensuite qu'une grande bataille s'est livrée, qu'il a été l'un des milliers d'atomes dont s'est composé ce formidable ensemble.

Que s'est-il passé hier autour de nous, dans l'énorme développement de cette ceinture de pierre et de terre qui garde Paris et maintenant aussi l'emprisonne? Quelle action, glorieuse peut-être, s'est accomplie dans la nuit, là-bas, vers les bastions et la plaine du nord-ouest, tandis que nous faisions, au sud, notre première veillée d'armes? Les nôtres ont-ils marché au-devant de l'ennemi? L'ennemi s'est-il montré? Une de ces audaces heureuses, qui servirent si souvent les armes de la grande République, a-t-elle fait reculer l'envahisseur dès son premier mouvement?

Nous n'avons rien su, rien vu. La nuit a gardé son secret. Les journaux, ce matin, n'ont pas parlé encore. Quelques lointaines sonneries de clairon, d'obscurs roulements, de confuses clameurs, les mille bruits imprécis de l'ombre, des lueurs plus vives, çà et là, dans le ciel, quelque chose comme la grande respiration d'une multitude invisible, voilà seulement ce qui nous a révélé la vie autour de notre campement.

En revanche, combien se précisent vivement pour moi jusqu'aux moindres détails de cette veillée d'hier, de cette journée qui vient de s'achever devant le repas du soir, en une détente heureuse, au milieu de la famille rassurée, la fenêtre ouverte à la fraîcheur du crépuscule sur les grands jardins tout fleuris!

Donc, hier, vers six heures, le clairon sonne le ralliement. Nous sommes bientôt au complet. En route! Le clairon attaque la marche. C'est le vieil air d'Afrique : *la Casquette au père Bugeaud*, qu'il n'a pas désappris et qui chante clair à travers les rues que nous traversons au pas accéléré. Je cause en marchant à côté du capitaine. Ce n'est pas du tout militaire ; cela nous est égal. Mon cousin, Henry Varnier, seul à Paris, a quitté son paisible atelier de statuaire pour nous accompagner — Rien ne l'y obligeait : il marche difficilement ; brave cœur, il a voulu venir quand même, en volontaire — Il a pour arme un fusil de chasse, engin vénérable, simple témoignage de sa résolution patriotique.

Nous regardons la troupe filant à nos côtés. Le lieutenant Bouchaudon la fait marcher en bon ordre. Un vrai soldat, celui-là. Il a fait campagne en Afrique, en Crimée, en Italie. Ancien sous-officier, il connaît son affaire en garnison comme au feu. On l'a nommé d'une seule voix. Grâce à lui, la compagnie pourra faire bonne figure à côté des soldats qui vont sans doute prendre la garde avec nous.

Elle est curieuse, la compagnie.

La troupe marche allégrement, jeunes et vieux. Mais le « Silence dans les rangs ! » est un vain commandement. Tout cela bavarde, bourdonne, chantonne. Une ruche en marche. Les récits, les discussions, la politique, les chansons, les cris: « A bas Bismarck! Vive la République! A bas Badingue ! » les lazzis aux femmes qui, du seuil des boutiques, nous regardent passer, font une symphonie incohérente qui s'éteint peu à peu quand nous approchons du poste qui nous est assigné. Le lieutenant se fâche, d'ailleurs. Et, quelques longs murs franchis, à travers les ruelles peu habitées où s'ouvre, de loin en loin, un vide-bouteilles sous une tonnelle verte, c'est presque en bon ordre que nous arrivons au bastion.

Tout y est en mouvement, dans un nuage de poussière. Des pièces de bois, des rails arrachés, des brouettes, des outils de toute sorte couvrent la voie. Des gamins courent à travers tout ce désordre : des femmes arrivent avec des paniers pleins de provisions et de bouteilles, et là-haut, sur le rempart, des formes se meuvent, continuant l'alignement des sacs, travaillant aux embrasures, à travers lesquelles s'allongent les canons de tout calibre et de tout modèle.

Halte! La compagnie s'aligne, tandis qu'arrive une autre compagnie qui va partager la garde avec nous. Elle est menée par un capitaine gros, suant, soufflant. Il veut remettre au commandant un pli dont il est chargé; son sabre nu le gêne, car il n'en a pas le fourreau. Alors, sans façon, il pose son arme par terre, ôte son képi, et se fouille tranquillement pour chercher sa lettre, qu'il ramène enfin. Après quoi, il se relève gravement, ramasse sa lame, se recoiffe et reprend sa place. On rit et une voix dit:

— La voilà bien, la garde nationale! La voilà!

C'est notre capitaine adjudant-major qui ronchonne ainsi, un vieux retraité, tout recuit au soleil d'Afrique, et qui marque le plus profond dédain pour la milice citoyenne.

Rompez! Les hommes se dispersent. On met les fusils en faisceaux; la cantinière allume un feu d'éclats de bois et se dispose à faire la soupe pour ceux qui n'ont pas dîné avant de venir. Les pipes et les cigarettes font un petit nuage dans les groupes, où l'on se consulte, car on ne sait pas encore ce qu'on va faire. Il n'y a pas d'ordres.

En attendant qu'il en arrive, on reconnaît le terrain. Notre bastion est bien avoisiné. A droite, c'est la batterie de l'École polytechnique; à gauche, c'est la Seine, où la marine fait le service. Une petite canonnière blindée est là, amarrée au quai, gardant les deux rives. Devant nous, dans le rempart, une large trouée : c'est la sortie de Paris par la ligne du chemin de fer. On a arraché une partie des rails et fait une tranchée qui continue ainsi le fossé de l'enceinte. On traverse cette tranchée pour aller hors des fortifications, si c'est nécessaire, sur une passerelle en madriers où passe une voie de fer.

A l'intérieur, la trouée est barrée par une forte palissade, percée d'une poterne. Au delà, la voie s'allonge jusqu'au bout de la plaine si loin que l'œil puisse s'étendre. La levée du chemin de fer est assez haute. De chaque côté de ces talus, ce sont des cultures maraîchères ou des terrains vagues, avec des décharges de démolitions, et, entre le premier passage à niveau et l'enceinte, quelques abatis d'arbres

3.

sur la gauche, contre le remblai. Les branches sans feuilles et les branchettes se mêlent, s'enchevêtrent comme un écheveau embrouillé.

— Bon pour une embuscade! dit un camarade.

Et dans le gris du soir qui tombe, on commence à fouiller du regard les parties profondes de la campagne. L'image du uhlan, éclaireur ordinaire de l'ennemi, hante les imaginations.

Tout à coup, une bousculade au bas du rempart; un nuage de poussière soulevé par un piétinement furieux, et, dans le nuage, trois ou quatre gardes nationaux colletant un jeune homme très pâle, assez convenablement mis.

On crie : « Un espion! » Le jeune homme est mené devant le capitaine.

On l'a surpris, un calepin à la main, errant le long de l'épaulement, dans le voisinage des pièces.

— Que faites-vous là?

— Je me promène.

— Comment vous appelez-vous ?

— Muller.

— Muller! Bon!... Votre état?

— Dessinateur.

— C'est bien ça! Muller! dessinateur! Allons, enlevez-le.

Devant le capitaine, le jeune homme répète ce qu'il a dit. Il ne se défend guère. Si c'est un espion et qu'il s'appelle Muller; s'il est dessinateur, ce qui est vraiment trop probant, il aurait bien pu avoir l'habileté de donner un nom moins suspect et une autre profession. Enfin, on envoie « l'espion » à la place sous bonne garde.

Qu'est-ce donc encore ? Une locomotive vient lentement de la gare là-bas, soufflant sa vapeur à grosses bouffées. Un agent de la Compagnie la monte. Elle s'arrête au rempart devant la passerelle. Nous l'entourons.

Il s'agit de sortir de Paris, d'aller dégager et de ramener le chef de la petite station d'Athis. Il a télégraphié. Les Prussiens sont autour de lui, à peu de distance. On demande des hommes de bonne volonté pour cette expédition. Ils se coucheront dans le tender vide, prêts à faire le coup de feu si besoin est.

Cinq ou six des nôtres escaladent aussitôt la machine; comme elle va partir, un officier d'ordonnance arrive avec un ordre de l'amiral.

— Défense expresse de sortir de l'enceinte !

Les volontaires sautent à terre encore tout vibrants de leur résolution prise et de l'approche du danger; le mécanicien renverse la vapeur et la machine retourne lentement en arrière, se remiser dans la gare.

Presque au même instant le clairon sonne.

C'est l'amiral ! — Très affairé, très grave. — Il a des nouvelles, lui, sans doute. Autour de lui les officiers s'empressent.

— Faites charger les armes. Et attention !

Un petit frisson court dans les rangs. Il va y avoir quelque chose. On va se battre ! C'est en un tel moment qu'on se demande ce que c'est que le courage. L'inconnu est là, dans l'ombre. Tout à l'heure peut-être les balles siffleront, crevant les crânes, trouant les poitrines. Il y a là une émotion qui secoue la « carcasse », qu'elle soit celle de Turenne ou du Béarnais, d'un conscrit ou d'un vétéran. On voudrait bien être chez soi, tranquille ; on cherche des yeux quel abri pourra s'offrir quand s'ouvrira le feu.

Puis le coup de fouet de l'amour-propre vient cingler la pensée peureuse. On se remet, on se reprend, on fait bonne figure et on commence à blaguer.

L'amiral parle de nouveau.

— Organisez la garde ici pour la nuit. Et puis, là-bas, à l'avancée, envoyez-moi une escouade d'avant-poste, vingt-cinq hommes.

— Là-bas ?

— Oui, sur la voie, vers la maison du garde. Point de feu ! Et du silence.

On se regarde.

— Mais là-bas, c'est hors de Paris !

— Allons, vingt-cinq hommes de bonne volonté !

On les trouve. Pourtant il y a des hésitations et des réclamations. Les vieux sédentaires ne se sentent pas faits pour le service à l'extérieur. Et puis, on réclame contre l'armement. Le fusil à tabatière ne jouit d'aucune confiance.

— Nous n'avons pas de fusils à tir rapide ! Qu'on nous donne des chassepots !

On s'arrange. Si nos gens n'ont pas de chassepots; — parce qu'il n'y en a pas, — raison péremptoire, — une demi-compagnie de chasseurs à pied appuiera l'avant-poste, échelonnée sur la droite et au bas du remblai.

La troupe s'éloigne. Il y a dans les rangs tous les volontaires de tout à l'heure pour l'expédition d'Athis et entre autres, le sacristain de la Salpêtrière, plein d'un entrain qui contraste avec la nature de ses pacifiques fonctions.

Ils se perdent dans l'éloignement; nous ne les voyons plus que comme de petites barres noires sur la blancheur du ballast de la voie, entre les rails multiples, minces fils de métal brillant tendus entre eux et nous.

La nuit est venue. Le lieutenant Bouchaudon et moi nous nous promenons lentement sur la ligne, un peu en avant de l'enceinte de Paris. Un profond silence est autour de nous; une grande paix plane sur la campagne endormie, sur la masse noire de la ville. La pure lumière de la lune baigne doucement toute la plaine, en éclairant les profondeurs comme pour s'associer à notre vigilance. Dans le ciel d'un bleu léger, des nuages blancs, pommelés, bondissent, se heurtent comme un troupeau, chassés par une tiède brise du sud-ouest.

Et le lieutenant — qui ne fait pas de politique, — exception rare — évoque, devant cette belle nuit les souvenirs de Crimée et d'Italie. C'est un soldat qui parle, mettant de la bonne humeur dans les récits les plus tragiques; et moi qui n'ai rien vu et ne sais rien par moi-même, je ne puis lui répondre que par des souvenirs empruntés aux récits de mon grand-père, qui, volontaire de treize ans, en 1792, courut durant la campagne d'Italie les plus dramatiques aventures.

Quels hommes ceux-là! Et nous, que sommes-nous? Qu'allons-nous être?

Deux heures s'écoulent ainsi. Rien de plus calme que cette première partie de notre veille. Nous allons faire une ronde, selon la consigne. Après quoi, nous dormirons un peu.

Dormir! où? Il n'y a pas encore de tentes suffisantes. Il y a les casemates, terreuses, humides; il y a le talus au gazon roussi; il y a le sol nu. Après avoir rôdé un instant, cherchant une couche commode, je finis par m'installer dans une brouette vide ; je m'y allonge comme dans un fauteuil, mon sac sous la tête formant traversin, mon fusil sous la main et je m'endors !

Combien de temps ai-je dormi ?

Soudainement, des coups de feu, des cris, un tumulte !

Je m'éveille en sursaut. Je crois à une surprise, à un engagement.

Ce n'est qu'un incident héroï-comique ! Et pourtant sur toute la ligne des fortifications, le clairon sonne de proche en proche et ses appels se perdent dans l'éloignement, comme pour faire le tour de l'enceinte. On court sur le rempart. Il y a une alerte.

En même temps on me met au courant de ce qui vient de se passer.

Le sacristain est la cause de tout ce branle-bas. Au poste avancé, tout à l'heure, il a quitté ses camarades, et la nécessité de s'isoler lui a fait chercher quelque abri loin du groupe. Il s'est glissé discrètement le long du remblai, du côté de la Seine, et il a trouvé dans les abatis d'arbres la retraite souhaitée. Là, sans quitter son fusil, qu'il tient droit devant lui, solidement appuyé au sol, il se croit tranquille, invisible à tous les regards. Mais l'indiscrète lune continue à cribler de ses flèches les profondeurs de la campagne. Elle met une aigrette lumineuse le long de la baïonnette de notre homme. Cette aigrette se meut et se déplace légèrement.

Un caporal et deux gardes, qui reviennent de l'avancée, aperçoivent la baïonnette flamboyante ; ils croient à une embuscade, à quelque troupe ennemie à l'affût dans l'abatis, et sans autre réflexion, ils font feu dans le tas, au juger. Le sacristain, effaré, se dresse ; instinctivement il lâche son coup de fusil. Les balles du caporal et de ses hommes sont allées frapper le blindage de la canonnière qui sommeillait au quai ; les marins ripostent. Le poste avancé se mêle à l'affaire. Le clairon sonne. Et voilà comment le sacristain de la Salpêtrière, pour une cause toute personnelle, a failli faire prendre les armes à tout Paris.

On rit beaucoup, puis tout à coup on ne rit plus. C'est que l'amiral arrive en coup de vent, furieux. Mis au courant, il parle de faire fusiller, tout bonnement, les imbéciles qui viennent de déterminer une telle alerte.

Et j'entends le major, près de moi, mâcher son refrain :

— Il n'y a qu'une garde nationale, je vous dis. Il n'y en a qu'une.

Les hommes, ainsi mis sur pied brusquement, tout secoués, ne peuvent se décider à se rendormir.

Ils font des visites à la cantinière bien approvisionnée; des discussions s'entament autour du bidon, vers lequel se tendent fréquemment les petits verres, pour les « tournées » obligatoires.

Deux têtes brûlées ne s'entendent pas sur une question d'escrime à la baïonnette. Et les voilà qui se mettent en garde et se livrent, au grand risque de se trouer la peau, à un simulacre de combat qui menace de tourner au tragique. Les gros mots pleuvent; les coups se font sournois et mauvais. Pour en finir, nous envoyons le plus enragé achever sa démonstration dans une casemate. Le calme renaît ; on se prépare à reprendre le somme interrompu, quand des voix chuchotent :

— Des uhlans ! Il y a des uhlans dans la vallée de la Bièvre.

— Où ?

— Là, à droite, à cent mètres du rempart.

— On les voit ?

— Le factionnaire en a vu un ; on est allé prévenir l'amiral.

Cette fois, en effet, on a procédé avec une prudence d'Apache. Si le uhlan allait se défier et disparaître ! Le contre-amiral, prévenu, arrive, assez nerveux :

— Qu'est-ce qu'il y a

On lui montre à distance une forme blanche mouvante. La lune, à son déclin, n'éclaire plus suffisamment pour que l'on distingue bien. Mais un faible hennissement ne permet pas le doute.

Cependant le vieux marin n'est pas persuadé :

— Vous dites un uhlan? Enfin!

Il prend le fusil du factionnaire, il vise, il tire. La détonation se perd. Rien ne bouge, rien ne répond. L'officier passe en haussant les épaules.

Peu après, l'aube naît. Et nous voyons un vieux cheval blanc, au piquet, dans un carré de pâture! Le voilà, le uhlan!

Un grand frisson traverse le ciel. Il est petit jour. On prend déjà la goutte, le sacramentel vin blanc. Cela s'appelle « tuer le ver ». Et un érudit rapporte que c'est un symbolique hommage, très ancien, à Phébus Apollon, vainqueur du serpent Python, une libation matinale faite au dieu personnifié par le vin clair couleur de soleil. Beaucoup observent religieusement cette coutume et multiplient l'hommage; et l'astre-dieu, ainsi largement honoré, monte comme un bouclier d'or rouge sur Paris, à travers les vapeurs légères de l'Orient.

A ce moment, encore un espion! On amène un homme que deux gardes nationaux ont trouvé caché dans le fossé du bastion. Caché, ou pour mieux dire couché, car il dormait comme un loir quand on l'a empoigné.

Il a encore le poil brouillé et les yeux chassieux,

sale d'ailleurs et déguenillé, coiffé d'une loque, la chemise bâillant au col, sous une veste pisseuse rapiécée, sordide, l'air rogue, bien que restant tout alourdi, mal réveillé, d'un sommeil d'ivrogne :

— Qu'est-ce qu'on me veut?

— Votre nom? votre état? d'où venez-vous? Où allez-vous? que faites-vous là? Vos papiers? vos papiers?

A toutes ces questions, qui partent comme des pétards autour de lui, l'homme ne répond rien, ou répond d'une voix traînante :

— Sais pas !... n'en ai pas !... Je dormais !...

— Allons ! son affaire est claire ! — Quatre hommes, et en route pour l'état-major de la place, comme celui d'hier soir, le dessinateur ! Oh ! c'en est un vrai, celui-là !

Le vagabond, le rôdeur de nuit — ce n'est bien évidemment pas autre chose — s'en va pesamment, d'un pas d'ours, entre les quatre hommes.

On fait l'appel, on déjeune. Alors commence, pour ceux qui ne sont pas de faction, la flânerie le long du rempart, sur le chemin de ronde. Quelle vie morne et désœuvrée ! Les Prussiens n'ont pas donné signe d'existence. S'ils entourent Paris, comme on continue à l'affirmer, c'est d'une ceinture invisible. On voudrait un incident, une émotion. Il n'y a rien, rien que la route qui poudroie et le gazon piétiné qui rougeoie. Du même mouvement lent, à travers la poussière, la fourmilière humaine continue les terrassements, le déblaiement de la voie, le travail des sacs. On a relevé le poste avancé. Nos gens sont revenus, tout fiers de la confiance de l'amiral, de cette nuit passée dans l'attente perpétuelle d'une attaque. Ils se sentent plus soldats qu'hier.

Vers trois heures, un groupe d'officiers supérieurs arrive au bastion. A leur tête, un petit homme aux yeux noirs très vifs, en petite tenue de général, marchant allégrement, parlant peu, donnant çà et là quelque indication d'un geste bref; c'est Trochu, qui vient voir l'état des travaux de défense. Il passe, après un examen rapide, et s'en va vers la Seine. Il n'a pas de prestige personnel; on le dit résolu, énergique : c'est un Breton. Entre ses mains repose maintenant le sort de Paris. On ne sait pas ce qu'il fera. Il n'excite encore que la curiosité.

Après cette visite, plus rien de notable jusqu'au soir, jusqu'au moment où nous remettons la garde du bastion à une autre compagnie, car je ne compte pas les arrestations nouvelles faites dans la journée, les « espions » saisis à tout bout de champ. Tout compte fait, y compris le dessinateur et le vagabond, nous en avons pris dix-sept dans ces vingt-quatre heures.

Dix-sept espions capturés, cela n'a rien d'héroïque,

certainement ; mais c'est bien joli pour une journée d'entrée en campagne.

Je me suis lié avec le major, toujours rageur ; il m'a raconté ses campagnes d'Afrique et développé ses théories militaires. Et, tout en rentrant, nous causons de ce qui vient de se passer. Il me quitte sur son sempiternel refrain :

— Vous en verrez bien d'autres, allez ! Il n'y a qu'une garde nationale, je vous dis ! Il n'y en a qu'une !

* * *

Septembre-Octobre. — Un à un les théâtres se ferment, et des soirs mornes succèdent à l'agitation d'autrefois. La fourmilière parisienne change d'aspect, Parmi ces théâtres maintenant clos, il en est un que nous regrettons particulièrement. Depuis que *la Coupe du roi de Thulé* nous a ouvert les séduisants horizons de la musique, il nous apparaissait comme une terre promise pour les débutants : c'est le Théâtre-Lyrique de la place du Châtelet. Sa clôture toutefois a précédé les événements qui aujourd'hui nous accablent ; elle ne peut leur être attribuée.

Sans eux pourtant et, à cette heure même, il pourrait être ouvert de nouveau et nous donner le plaisir de quelqu'une de ces intéressantes reprises ou de ces brillantes premières représentations, dont il compte dans ses annales un si grand nombre, principalement à l'actif de M. Carvalho, directeur jeune, entreprenant et hardi, que j'espère bien connaître un jour.

Le glorieux *Faust* n'est pas né sur cette scène, inaugurée seulement depuis octobre 1862 ; elle continue le Théâtre-Lyrique du boulevard du Temple et nous y avons vu bien des œuvres qui resteront. Là furent donnés *le Jardinier et son Seigneur*, du charmant Léo Delibes, *les Pêcheurs de perles*, de Georges Bizet, — *les Troyens*, d'Hector Berlioz, soirée mémorable à laquelle j'assistais, de l'amphithéâtre supérieur, perdu dans la foule hurlante, gouailleuse, traversant d'éclats de rire des scènes dont beaucoup cependant sont fort belles. — On me dit que Berlioz, — un de mes compatriotes, Dauphinois, comme Stendhal, comme le peintre Hébert, comme Émile Augier, — fut parfois très dur dans ses critiques pour ses grands confrères, tels que Rossini et Verdi, et qu'il n'épargna guère ses aînés, notamment Hérold et Grétry. La presse et l'opinion ont été à leur tour dures pour lui, jusqu'à la cruauté. *Les Troyens* se relèveront peut-être de cette triste chute. Il faut se souvenir de la destinée de *Guillaume Tell*.

* *

Là encore, nous applaudîmes cette délicieuse

Mireille, de Charles Gounod, tout embaumée des souffles de la Provence, terre gallo-grecque et latine où chante le noble et pur aède Frédéric Mistral. En cette occasion, ici encore, le public, s'il a été respectueux, a été froid ; il n'a pas compris le charme de cette partition. On a remanié l'ouvrage, on l'a réduit à trois actes ; sous cette nouvelle forme, le succès n'en a pas été plus net. Nous avons gardé, nous, pour cet opéra une tendresse particulière ; il évoque à nos yeux, bien que dénaturés selon les exigences du théâtre, les paysages virgiliens, les figures idylliques du pays lointain dont la porte dorée s'ouvre au bout des premiers champs d'oliviers du Dauphiné, parmi les mûriers et les figuiers, le long du Rhône tumultueux. Et, un peu par égoïsme méridional peut-être, nous proclamons que *Mireille* est un chef-d'œuvre et qu'elle vivra.

Mireille d'ailleurs, c'est madame Miolan-Carvalho, cette enchanteresse qui fut la Marguerite de *Faust*, et il nous semble que chacune des créations auxquelles son nom s'attache est comme revêtue pour toujours d'un charme qui la préservera de la destruction et de l'oubli. Peu après Mireille, elle réincarna la Pamina de *la Flûte enchantée*, une des plus belles reprises faites sur cette scène, qui en compte tant de remarquables. Elle devait bientôt, en 1867, y personnifier l'héroïne de *Roméo et Juliette* qui, jusqu'ici, reste avec *Faust* au sommet de l'œuvre du chef de l'école française.

Nous vîmes aussi défiler sur ce même théâtre, objet de nos juvéniles ambitions, le *Don Juan* de Mozart, qu'on chantait en même temps à l'Opéra et au Théâtre-Italien, le *Sardanapale* et *le Dernier Jour de Pompéi*, de Victorin Joncières, *la Jolie Fille de Perth*, de Georges Bizet, qui, comme M. Joncières, y compta deux ouvrages en bien peu de temps, chance des plus rares pour un compositeur; une toute petite pièce: *En prison*, très modeste début d'Ernest Guiraud à son retour de Rome, et enfin, il y environ un an, le *Rienzi* de Richard Wagner, qui excita fort notre curiosité après la représentation de *Tannhäuser*, ouvrage tombé sous les sarcasmes du public de l'Opéra.

Rienzi n'a rien de révolutionnaire, rien de vraiment subversif pour l'ordre ancien de la musique dramatique; c'est un opéra ou l'influence italienne est fort sensible et que, dit-on, renient les très rares adeptes du compositeur saxon, dont *Tannhäuser* est l'évangile.

Parmi les critiques musicaux beaucoup vont, en leur haine aveugle de ce qui émane de M. Richard Wagner, jusqu'à la haine de *Rienzi* qui, certes, ne justifie point tant de passion. Je me rappelle une soirée passée en compagnie de M. Azevedo, qui écrit, je crois, à *l'Opinion nationale*. Jamais antipathie musicale ne s'est exprimée plus ardemment que la sienne. Pour lui, Rossini seul est Dieu, et il en est le prophète ; Meyerbeer n'est qu'un misérable tapageur ; son *Robert le Diable* qu'une ridicule palinodie ; *les Huguenots* même ne trouvent pas grâce à ses yeux. Il a été le contempteur des *Troyens*, comme M. Scudo de la *Revue des Deux Mondes*, comme M. Jouvin du *Figaro*, comme M. Nestor Roqueplan du *Constitutionnel*. On pressent ce qu'il doit penser de *Rienzi*. En en parlant, en cette rencontre, pourtant déjà loin de l'événement, sa rage durait encore.

— J'y suis allé, nous disait-il, j'y suis allé parce qu'il le fallait ! mais j'avais mon médecin avec moi ; oui, monsieur, j'avais mon médecin !

Charles VI aura été, en avril, le dernier ouvrage représenté au Théâtre Lyrique. Cette reprise du vieil opéra de F. Halévy n'avait pas passé sans quelque difficulté ; le sujet en déplaisait à la censure. Le refrain : « La France a l'horreur du servage » a toujours paru révolutionnaire à ce qu'on appelle le « pouvoir ». Il n'est pourtant dirigé que contre les envahisseurs de la Patrie, et c'eût été aujourd'hui, mieux que jamais, l'occasion de le chanter !

Hélas ! en ce moment les chants s'éteignent — chants d'amour et de jeunesse, chants de vaillance et de patriotisme. On a la gorge serrée.

Et pourtant malgré tout, au fond de nous, l'espérance, « l'espérance aux mauvaises paroles », dit le poète antique, veille constamment. Et des projets s'ébauchent, se formulent au milieu des préoccupations quotidiennes, des inquiétudes et de l'accomplissement de devoirs multiples. — Je travaille un peu. J'ai notamment repris, mis en goût par *le Kobold*, un projet qui date pour moi de trois années — un petit poème d'Orient, pour lequel je voudrais un compositeur épris de lumière et de couleur.

J'en parle à des amis. L'un d'eux me signale un jeune musicien récemment revenu de Rome, dont je n'ai pas jusqu'ici entendu prononcer le nom. Ce qu'il m'en rapporte me donne le grand désir de le rencontrer. Quand le pourrai-je? Il est maintenant, sac au dos, on ne sait où, dans un bataillon de marche, où il s'agit d'une autre musique que celle des flûtes et des lyres.

Il s'appelle Massenet; on le dit plein de talent et de modestie.

Espions. Télégraphie nocturne. — L'idée qui domine depuis quelques jours et s'empare de tous les esprits, c'est que nous sommes trahis! Trahis dans Paris! Trahis partout! Par qui? Comment?

On ne le précise pas. Partout, et de plus en plus, on voit des espions, des signes mystérieux de connivence entre des correspondants insaisissables.

Nous ne pouvons nous résigner à la réalité de nos revers. Cette défiance de l'inconnu, cette suspicion perpétuelle des hommes et des choses, n'est-elle pas simplement une forme de notre orgueil? Nous ne voulons pas admettre l'infidélité de la fortune. Nourris de récits chevaleresques, enfants chéris de la victoire, selon la légende, entrant toujours crânement dans les capitales, panache au front, tambours battants, clairons sonnants, enseignes déployées, ayant crié jusqu'au milieu d'août : « A Berlin ! A Berlin ! » voilà que tout à coup notre esprit perçoit au large de l'espace des voix qui crient : « A Paris ! A Paris ! » et que nous entendons déjà le pas lourd des légionnaires du César prussien et le roulement de ses chars armés de monstrueux canons. Nous étions forts pourtant, et irrésistibles ; on nous l'a dit, du moins ! Il ne manquait à nos troupiers ni un bouton de guêtre, ni une bretelle de sac, encore moins de la poudre, des balles et du pain ! Et nous avons connu l'épouvantable défaite ; notre armée s'est émiettée, prisonnière, en déroute. Nous ne savons plus au juste où elle est, et qui la commande. Le général Trochu gouverne Paris. Le gouvernement nouveau organise la défense nationale. Le Parisien chasse aux espions.

Dans les cafés on en arrête, dans les gares, dans les réunions publiques. C'est une ivresse d'un moment quand on en tient un, vrai ou faux ; c'est comme la petite monnaie d'une victoire. La nuit surtout, nous devenons particulièrement impressionnables et féroces.

Ce soir, on est venu me chercher en grande hâte et en grand mystère, comme si quelqu'un dans l'ombre pouvait entendre et voir, malgré la profonde solitude de la maison. On m'a fait monter dans une chambre, sous les combles, fenêtre ouverte, lampe éteinte, et de là on m'a montré à deux cents mètres une petite lueur, dans la sombre masse des maisons qui forment le quartier de la Gare.

Une lueur, une petite lumière pareille à une étoile rougeâtre dans le ciel noir, à la hauteur d'un cinquième étage. Nous sommes restés là, longtemps, immobiles, parlant à voix basse, comme pour ne pas effaroucher le mystère. La petite lumière brillait toujours, parfois plus vive, comme si on l'eût attisée. Une fois ou deux, elle a changé de place.

— Voyez, voyez, a dit alors quelqu'un, la lueur se déplace; c'est évidemment un signal, ce ne peut être qu'un signal. Des hauteurs de Châtillon on doit l'apercevoir; on dit que les Prussiens ont des intelligences par là. C'est un télégraphe de nuit. Il faut aller avertir le commissaire, prendre le télégraphiste sur le fait.

Comme les têtes s'échauffaient, la petite lumière tout à coup s'est éteinte. Il était un peu plus de minuit. La correspondance nocturne était terminée ou, plus simplement peut-être, l'espion avait soufflé sa bougie et s'était couché bourgeoisement.

Il a fallu pourtant en avoir le cœur net. Nous sommes sortis ; nous avons marché dans les ténèbres vers la maison suspecte. Malheureusement, nous ne l'avons pas reconnue ; nous ne nous sommes pas, du moins, entendus sur sa véritable situation.

Et assez penauds, bien que développant encore tout un système sur la télégraphie militaire adoptée par l'ennemi et incontestable — in-con-tes-table, — nous sommes revenus nous coucher, nous serrant la main en silence, avec le vague sentiment de notre ridicule.

Nous avons pris l'habitude de nos gardes au rempart tous les deux ou trois jours. La fièvre de la première veille calmée, la vie y est devenue monotone, fastidieuse. On use le temps en des parties de bouchon ; quelquefois le bataillon fait une promenade militaire, une reconnaissance hors de l'enceinte, jusqu'à la zone des forts. C'est une joie d'écoliers pour nous que ces promenades, où l'on se dégourdit les jambes, rouillées par les nuits passées à

4.

la belle étoile ou sous des tentes très sommairement installées.

Les jours de pluie, le bastion est un marécage, et c'est alors un sauve-qui-peut général. Ceux qui ne sont pas de faction vont s'abriter dans les dépendances de la gare ou chez les petits débitants.

J'ai passé toute une nuit pluvieuse, debout dans une casemate, et dormi, appuyé sur mon fusil dans l'angle le plus sec ; un bon lit est préférable ; enfin, on dort où l'on peut.

Un de ces derniers soirs, l'un de nos hommes chargés de veiller sus les appareils du sémaphore électrique, qui n'a pas encore fonctionné, n'a trouvé rien de mieux que de s'étendre lourdement sur la caisse contenant les éléments. Quand il s'est relevé, tout était en désarroi, des fils rompus, la verrerie cassée. Les appareils avaient été bien gardés, seulement... ils n'étaient plus bons à rien.

Il n'y a qu'une garde nationale, comme dit l'adjudant-major qui continue à circuler au milieu de nous, avec un sourire amer.

Il reconnaît pourtant qu'il y a de braves gens, de braves cœurs parmi tous ces indisciplinés. Beaucoup se feraient tuer en riant, à la française ! Mais, voilà ! Il n'y a pas, quant à présent, de quoi se faire tuer, et l'indépendance frondeuse, la blague parisienne, mènent ces masses.

* *

Ce soir, nous revenions du bastion. Comme nous arrivions au sommet du boulevard de l'Hôpital au débouché de la place d'Italie, une énorme colonne de fumée noire s'est élevée à l'horizon, vers les Buttes-Chaumont, une fumée épaisse, aux lourdes volutes, avec des langues rouges dardées hors de sa masse. Imposant et terrifiant spectacle que celui de cette éruption gigantesque dans le ciel pur, comme si tout à coup un cratère venait de s'ouvrir dans les collines parisiennes, vomissant des laves incandescentes et de la fumée.

Quand nous sommes rentrés, la torche gigantesque brûlait toujours; elle brûle encore, moins haute, plus rouge sur le fond du ciel nocturne. Nous savons maintenant de quoi il s'agit, par des gens qui ont couru au feu. C'est le dépôt de pétrole des Buttes-Chaumont qui brûle. On a emmagasiné là, couverts de terre, une grande quantité de fûts d'essence. Autour de cet amas, il s'est formé une atmosphère très inflammable; une allumette frottée par un ouvrier pour allumer sa pipe y a mis le feu. L'homme a été sérieusement atteint. L'intelligence et l'activité des habitants du XIXe arrondissement ont contribué à circonscrire le foyer de l'incendie.

※
※ ※

Hier, point de service. — Soirée passée au club de Ba-ta-clan. La salle est comble du parterre aux frises; elle grouille de têtes vociférantes; des bras s'agitent, des mains se tendent vers l'estrade, c'est-à-dire vers la scène où se succèdent les orateurs, exposant des moyens variés pour la délivrance de Paris.

De ces figures apparues dans la fumée des cigares et des pipes, je n'ai retenu qu'une seule. Celle d'un grand gaillard, au franc visage, à la longue barbe soyeuse, vêtu en garde national, mais coiffé d'un bonnet polonais.

Il propose la formation d'un corps exclusivement composé de Polonais. Les hommes seront coiffés du bonnet national, envoyés au feu en première ligne, et comme il y a dans l'armée ennemie beaucoup de Polonais prussiens, ces derniers reconnaîtront immédiatement leurs frères en nationalité; ils ne tireront pas, et alors...

On devine la suite. Voilà Paris débloqué par la grâce d'un bonnet de fourrure! Idée chevaleresque, sentimentale et naïve. On applaudit, et l'orateur se retire, radieux.

* *
*

Châtillon. — Cette fois, il ne s'agit plus d'une parade.

On vient de se battre sur les hauteurs de Châtillon. — Courte rencontre. — Le général Ducrot s'est heurté à de fortes masses ; il a dû faire retraite sur Paris.

Nous allons jusqu'à la barrière, où des blessés nous arrivent déjà de Villejuif. — En attendant les baraquements d'ambulance, qu'on doit nous construire sous les arbres de la Hauteur, ces blessés seront reçus à l'infirmerie. Et comme nos huit internes nous ont été successivement enlevés pour le service des hôpitaux militaires, il va falloir en redemander d'autres pour les soins à donner à nos blessés, déjà réunis au nombre de trente-six.

L'un d'eux m'a montré son chassepot tellement échauffé après quelques décharges qu'il n'en peut plus faire] jouer la batterie. Cette arme perfectionnée est devenue entre ses mains une arme inutile, un bâton, une massue !

Et là-bas, l'autre soir, nous fulminions contre le fusil ancien modèle ! Déchirez cartouche ! C'est l'enfance de l'art ; au moins tant qu'on a des cartouches on peut se battre. Le progrès, dont il ne faut point médire, a parfois de désagréables surprises !

Le commandant m'a gratifié d'un remington tout neuf, fusil plus perfectionné que le chassepot. C'est une arme élégante ; ça porte à deux mille mètres. Avec ça, moi aussi je ferai merveille, quand j'aurai des cartouches spéciales ; seulement je n'en ai pas, et on n'a pu me dire où j'en trouverais. Je dois me contenter du fusil pour le moment.

Ce soir, de lointaines explosions s'entendent. Ce sont les ponts de Sèvres, de Billancourt et de Saint-Cloud qu'on fait sauter.

Alerte de nuit. 22 octobre. — En vérité, nous ne savons plus qui nous dirige, dans quel esprit et vers quel but. Le temps se passe en ordres et en contre-ordres. C'est à croire qu'un souffle d'anarchie est sur nous. Qui commande dans Paris ? Il semblerait parfois que c'est le citoyen Tout-le-Monde.

La nuit dernière, je dormais bien tranquillement, quand, vers une heure, on sonne ! Je vais ouvrir ; j'aperçois sur le palier un grand gaillard barbu, aux longs cheveux, coiffé d'un chapeau de feutre à grands bords, l'air d'un modèle ou d'un bandit, avec une large ceinture rouge sous une veste de chasse et la crosse de deux pistolets plongeant dans la ceinture. Je reconnais tout de suite celui que nous nommons entre nous « Mardochée ».— C'est un ami, un ancien collègue, amateur de peinture, amateur d'émotions romanesques, et grossissant volontiers, de par l'activité de son imagination, les incidents les plus ordinaires. — Il est un peu « mouche du coche » et nous nous défions communément de son zèle; mais c'est un brave homme qui ne ferait pas de mal à un ciron, malgré ses formidables pistolets. Les pistolets sont pour le pittoresque seulement.

— Vite, me souffle-t-il, avec des airs de conspirateur, habillez-vous; prenez votre fusil, des cartouches et descendez. Toute la compagnie est déjà rassemblée devant l'Hospice.

— Qu'est-ce qu'il y a?
— On marche sur la mairie du XIIIe.
— Pourquoi faire?
— Je n'en sais rien; c'est grave!

Je suis Mardochée; nous arrivons à l'Esplanade, nuit noire. Des ombres confuses se cherchant, chuchotant. Ordre de marcher sur la mairie! Là, on verra.

Enfin, on s'aligne; on monte d'un bon pas vers la place d'Italie. La mairie semble endormie. On frappe. Après une longue attente une voix répond. On parlemente. On demande à parler au maire. Ce n'est pas possible.

— Au résumé, que faut-il que nous fassions?

— Que vous vous en alliez, riposte la voix, goguenarde.

— Cependant, les ordres...

— Il n'y a pas d'ordres.

Nous battons en retraite, à la fois furieux et penauds. Il est près de trois heures du matin. Déjà s'ouvrent des débits de boissons, où les hommes s'arrêtent, s'attardent. La compagnie se disloque, s'égrène le long du chemin.

Pour Mardochée, il a disparu. Il est sans doute allé se coucher, après avoir mis tout le monde en mouvement.

En vertu de quelle indication a-t-il agi? Quel pouvoir mystérieux nous a dirigés?

Fausses alertes, propres seulement à démoraliser des gens de bonne volonté.

***

Batterie de l'École polytechnique: « L'Alerte ». — Rencontré Édouard Blau, au rempart. Nous ne nous sommes vus que rarement, depuis l'investissement; pourtant nous avons du travail en train; il faudra s'y remettre, un de ces jours. Il m'apprend qu'il est mon voisin au secteur. Il sert dans le bataillon de l'École polytechnique. Joli costume, avec un képi galonné d'or. Un corps d'officiers !

Nous causons de notre pauvre *Coupe du Roi de Thulé*, ensevelie après son triomphe dans une ombre d'où elle ne sortira peut-être jamais !

Je parle avec attendrissement de ce *Kobold* qui n'aura vécu que quelques soirées. L'aérienne Trévisan s'est envolée vers l'Italie; la troupe de l'Opéra Comique s'est dispersée ; les amis et les camarades se militarisent, là-bas, de l'autre côté de ce Paris, que nous ne traversons plus que de loin en loin.

Blau me raconte sa vie militaire. Les moindres choses, les détails les plus enfantins nous amusent en ce moment où pourtant la vie est si grave ; on pourra retrouver plus tard en ce récit des noms et quelques menus faits intéressants à évoquer.

« — Quand, me dit-il, il a été bien évident, toutes illusions étant tombées, que le siège de Paris par l'armée prussienne était proche, l'École polytechnique, se souvenant du rôle glorieux qu'elle a joué en 1814, a réclamé une part dans la défense. On lui a confié la garde et le service de l'artillerie de rempart, aux bastions 86-87, près de la porte d'Italie.

» Les batteries destinées à desservir ces deux bastions ont été organisées par le général Riffault, directeur des études à l'École.

» Tous les élèves de deuxième année ayant été incorporés dans l'armée active, on a dû composer les batteries avec les élèves de première année, ceux qui venaient d'être admis à l'École et n'y étaient pas encore entrés, enfin, tous les anciens élèves qui se trouvaient disponibles. Cela ne suffisant pas, on a accepté, comme servants volontaires, des amis de la maison, dont la bonne volonté devait tenir lieu de science. On a été jusqu'à recruter des professeurs, tels Ossian-Bonnet et de Loménie. Il y a, parmi les polytechniciens, Cornu, Leauté, Gauthier-Villars l'éditeur, et d'autres dont le nom m'échappe. Parmi les volontaires, je fréquente surtout Édouard Cadol, l'auteur des *Inutiles*, et Caignard, attaché au musée des Monnaies.

» Les pièces confiées à la vigilance et au service assez inexpérimenté de ces artilleurs sont un peu de toute provenance.

» Une grande pièce de siège datant de Louis XV, le *Régent*, trône majestueusement à la gauche de la porte d'Italie. A la suite viennent des obusiers de toute époque et de tout calibre, parmi lesquels l'*Alerte* qui, domine fièrement la Bièvre.

» A cette pièce se rattacheront, malgré la tristesse des jours que nous traversons, bien des souvenirs de gaîté et de cordiales relations.

» La garde du bastion est composée d'éléments

très jeunes, très joyeux, très amicaux. L'absence d'ordre et de discipline qui règne un peu partout se rencontre là aussi. Nous avions reçu comme chefs de pièces les élèves qui venant de passer victorieusement leur examen, n'étaient cependant pas encore rentrés à l'école. Nous leurs avions tenu ce langage :

» — Ou vous êtes de vrais chefs de pièces et alors, pour la faction à faire la nuit, devant les canons vous viendrez nous réveiller au moment voulu, ce qui vous procurera une nuit blanche; ou bien vous êtes nos camarades et alors chacun de nous se lèvera consciencieusement à l'instant précis, et vous pourrez dormir à votre aise, tout en montant, bien entendu, votre faction, quand viendra votre tour.

» Cette seconde solution ayant été acceptée, nos supérieurs sont devenus de simples camarades et les pièces n'en sont pas moins surveillées.

» L'*Alerte* a pour chef le jeune Mellerio, un des fils du grand bijoutier de la rue Castiglione. Nous l'avons surnommé « Fleuve de miel », traduction de Mellerio, selon nous du moins. Notre pièce a déjà conquis quelque célébrité dans les deux bastions, à cause de la bonne humeur de ses servants.

» Dans les instants de loisir nombreux que laisse le service, on joue aux dominos sous la tente, et comme les tables manquent, nous avons inventé les dominos à la « casserole », c'est-à-dire qu'on mêle les dominos dans l'ustensile de ménage en question, et cela fait un bruit qui dénoncerait à l'instant notre présence aux Prussiens, s'ils n'étaient pas à deux lieues de nous.

» Depuis, avec les premiers froids, nous avons pu nous installer dans des casemates et y jouer au baccara. Cadol y a déjà gagné des sommes considérables. S'il continue dans les mêmes proportions et si le siège dure jusqu'en janvier, il pourra bien se retirer avec un gain total de quarante-cinq à cinquante francs; c'est du moins ce que prétendent les perdants.

» On nous a armés de chassepots qui, à l'École, servent à l'instruction des élèves. Il a fallu nous en enseigner l'usage. Nous avons donc été conduits à la cible. La distance étant assez considérable entre le but et le tireur, chacun a mis son amour-propre à tirer juste, tout au moins à ne pas s'écarter du but de façon à se rendre ridicule. Dans notre groupe il y avait des chasseurs émérites, et d'autres camarades qui n'avaient jamais touché un fusil. J'étais de ceux-là. Résigné d'avance à un échec lamentable, je tire ma première cartouche. Nous n'en avions que deux à brûler. O miracle! le drapeau s'agite. J'ai mis dans la cible. Ceux qui me connaissent s'étonnent, mais, ironiques, m'attendent à la seconde cartouche. Mon tour revient. Ma seconde balle arrive encore au but visé, ou du moins proposé, car je n'ai jamais compris ce tour d'adresse. Deux balles dans le noir sur deux.

» Du coup on me nomme pointeur de l'*Alerte*; mon rôle est alors devenu difficile, car pour pointer il faut se servir de la hausse, et pour se servir de la hausse, il faut faire un calcul; or j'ai toujours été rebelle aux mathématiques, même les plus élémentaires. Je me suis tiré d'affaire en pointant de « chic », ce qui n'a pas grand inconvénient, l'*Alerte*, jusqu'ici, n'ayant jamais été chargée; du reste, aux bastions 86-87, nous en sommes encore à tirer notre premier coup de canon.

» Je ne suis pas même sûr que la poudrière dont nous avons la garde ait jamais renfermé de munitions. Nous faisons des manœuvres simulées pour, au moment de charger, courir à cette poudrière. Nous en revenons toujours les mains vides.

» Du reste, peu d'incidents remarquables à nos deux bastions; pourtant chaque heure y est intéressante.

» Parfois nous avons des visites. Emmanuel Arago est venu dernièrement, nous amenant le vénérable Chasles, de l'Institut, qui fut l'un des polytechniciens défenseurs des Buttes-Montmartre en 1814. Nous l'avons acclamé, souhaitant de jouer quelque jour un rôle égal au sien ; le vœu, selon toute vraisemblance, demeurera stérile et l'*Alerte* ne fera jamais entendre sa voix.

» Un matin, de très bonne heure, nous avons été réveillés par une visite officielle : Jules Simon et Pelletan venaient faire une tournée aux remparts. La veille au soir, une attaque de l'ennemi sur la redoute des Hautes-Bruyères, qui est en face de nous, avait échoué. Jules Simon voulait nous l'annoncer pour nous rendre une confiance qui commençait à faiblir.

» — Oui, a-t-il dit, M. de Bismarck verra que, contrairement à ce qu'il affirme, on n'entre pas dans Paris comme dans une motte de beurre.

» Alors, dans le groupe des gardes nationaux accourus autour des députés, une voix s'élève :

» — C'est ça ! A Berlin !

» La France a cinq cent mille Allemands sur son territoire. Paris est investi. On en est à se réjouir qu'il n'ait pas été pris d'assaut dans la nuit et on crie encore : « A Berlin ! »

» Alors Jules Simon, étendant la main comme pour apaiser tant d'audace et d'une voix conciliante et digne, d'une charmante bonhomie ironique :

» — Non, non ! Pas de conquêtes ! Contentons-nous de garder ce que nous avons. »

*
* *

Novembre. — Bien des jours écoulés, sans que j'ajoute une nouvelle page à celles que j'ai déjà écrites sur les petits incidents de notre vie. Ce n'est pas que les incidents manquent : on s'y habitue, on y devient indifférent. Et puis, on demeure dans la torpeur de l'isolement; on se rapetisse dans son coin; on s'y pelotonne, comme la marmotte pour son sommeil d'hiver. Et c'est un sommeil, en effet, que cette vie mécanique! Les idées s'y étiolent; l'esprit ne voit plus rien au delà du cercle étroit de l'action physique. Paris est séparé de la France. La Salpêtrière est séparée de Paris, où nous n'allons plus. Qu'irions-nous y faire, d'ailleurs ? Il est trop triste, le spectacle de ces rues mornes, de ces magasins fermés, de ces boulevards naguère si gais, le soir, maintenant, pleins d'ombre, avec ses cafés éclairés faiblement par quelques lampes.

La disette est venue, puis la faim !

La Salpêtrière abrite une population qui n'est plus celle des jours ordinaires. Il y a des blessés; il y a des malades de la variole. La variole est terrible. Nous avons plus de cent cinquante lits, qui ne nous suffisent pas. En outre, une colonie de vieillards de

Bicêtre est installée dans une maison d'école de la rue Jenner, contiguë à l'hospice.

La situation de tous nos administrés commence à devenir pénible. Ils ont froid ; la saison paraît devoir être extrêmement rigoureuse. Pour la nourriture, on s'en tire à peu près, bien que le riz joue un rôle vraiment trop exclusif dans l'alimentation générale.

Le 26 octobre, on a fait dans le service de Jenner l'essai de la viande de cheval. « Ce qui est nouveau est beau », dit le proverbe. On a trouvé le bouillon de cheval « plus corsé que le bouillon de bœuf et la chair plus succulente ». Une lettre officielle a été adressée à l'administration centrale pour constater ce beau résultat !

Nous avons maintenant des ambulances capables de recevoir trois cents blessés. Elles sont sous baraquements, dans l'allée principale de la Hauteur et dans les dépendances de la Buanderie.

Une grande partie des lits est déjà occupée par des soldats, des gardes nationaux blessés dans les sorties, et quatre ou cinq Prussiens prisonniers.

Les médecins font très régulièrement leur service. Et ils ont de la besogne.

De ce groupe, c'est la figure du docteur Charcot et celle du docteur Vulpian qui se détachent le plus nettement. Deux amis, deux praticiens de haute valeur, deux natures absolument différentes. Charcot, maigre, rasé, l'œil flamboyant sous l'arcade sourcilière profonde, les cheveux plats rejetés en arrière, la lèvre un peu dédaigneuse, la parole courte, heurtée, dogmatique, toujours précédée d'un geste long, d'un regard pénétrant, familier de langage parfois et d'une vraie bonté que trahit par instants son doux sourire éclairant cette physionomie inquisitoriale. Vulpian, grand, fort, coloré, l'air d'un Bourguignon, qu'il est, je crois, les cheveux roux, abondants, des favoris en côtelette, plein de bonhomie et de finesse sous ses allures simples. Un savant profond, d'une méthode ingénieuse, un diagnosticien d'une pénétration rare.

Tous deux iront loin.

Mon plaisir principal, en ses dernières longues semaines, a été d'aller passer mes moments de loisir dans le laboratoire du pharmacien Charles Fermond, déjà un vieil ami pour moi, très bon, très gai, très artiste. Il écrit un volumineux ouvrage de botanique; en même temps il fait des vers, de la musique. Nous passons là, en fumant et en devisant, d'agréables heures, oubliant tout; il me dit ses joies, ses regrets, ses déboires; moi, je lui confie mes espérances. Il est au sommet de la vie; je la commence et j'apprends de lui qu'elle est dure à gravir. L'aimable philosophe ne lui en veut pas des amertumes qu'elle a mêlées à ses joies.

5.

Le doyen du corps médical est le docteur Trélat, un vieux doctrinaire de 1848. Il occupa pendant quelque temps, à cette époque, le ministère des Travaux Publics. Très fermement républicain, il n'a jamais cherché, sous l'Empire, la moindre faveur. Il réside à la Salpêtrière, où il occupe un grand appartement au-dessus du péristyle de la chapelle.

C'est le médecin de tous; il se prodigue en soins au personnel et il aime la maison comme si elle était sienne. Parfois même, sa façon de l'aimer lui inspire des actes d'initiative qui ne vont pas sans causer quelque inquiétude à notre directeur. Ce dernier, incarnation pure de l'âme administrative, ne permet pas volontiers, du moins ne souffre pas sans protestation, que l'on touche à ses prérogatives. De là, quelquefois, de petites escarmouches entre le pouvoir occulte du médecin et l'autorité officielle du directeur.

Depuis la guerre, on le voit plus souvent. Il s'intéresse à tous nos actes et intervient volontiers dans nos causeries sur les événements du jour. Il a un grand fond de scepticisme touchant les hommes et les faits; il les juge en philosophe revenu de bien des illusions. Au milieu du conflit des opinions, il jette un mot bref — goutte d'eau froide dans la vapeur — et il s'éloigne de son pas traînant, le dos rond, comme sentant déjà lourd à ses épaules le fardeau de la vie.

* *
*

30 novembre-3 décembre. Les blessés de Champigny. — Un froid glacial, en ces derniers jours de novembre; l'hiver s'annonce très dur. Serons-nous débloqués, enfin, avant Noël? On parle d'aller donner la main à l'armée de province, en rompant, coûte que coûte, les lignes prussiennes. Tout le monde est prêt à marcher, tout le monde marchera, les vieux comme les jeunes. Deux mois et demi de complet investissement ont assoupli le corps à toutes les fatigues, trempé tous les courages, mis dans tous les cœurs une rage de bataille.

Nous nous disons que rien ne résistera à un torrent d'hommes; de ces hommes, beaucoup tomberont en route certainement; mais s'il en passe le tiers, quel triomphe!

Enfin, aujourd'hui ou demain, il va y avoir « quelque chose ». On a affiché une proclamation du général Ducrot; la garde nationale et l'armée vont s'unir en quelque vaillant effort.

Le général dit dans cette proclamation qu'il ne rentrera que « mort ou victorieux », qu'on le verra peut-être tomber, mais pas reculer.

Au premier moment, ces mots à la spartiate nous montent l'imagination : nous trouvons cela admirable. Et, en effet, c'est très crâne, cet engagement moral, et fait pour donner confiance aux troupes. A la réflexion, le sens critique, l'esprit de causticité qui est le fond naturel de ceux de notre race, s'éveillent en nous. Mort ou victorieux ! Voilà des mots bien imprudents. Car enfin s'il n'est pas tué et s'il n'est pas vainqueur, le général, il n'aura que deux choses à faire : ou se faire sauter la cervelle, ce qui est un expédient commode, mais indigne d'un chef devant l'ennemi ; ou se vouer au ridicule, plus terrible encore que les balles.

Tout le monde heureusement ne s'amuse pas à épiloguer sur cette éloquence de parade. Après tout, il faut bien reconnaître qu'elle est nécessaire ; le panache de la phrase a sa valeur comme le panache de l'uniforme.

L'affaire est engagée du côté de la Marne ; hier sur la droite, les nôtres ont déjà remporté un sérieux avantage. Aujourd'hui c'est l'action décisive. Le temps est toujours froid, l'atmosphère très pure ; le soleil brille.

Nous grimpons à travers les échafaudages du petit

clocher de la Salpêtrière, qui coiffe son dôme d'ardoises ; nous nous installons dans la cage des cloches, avec des lorgnettes et une assez bonne longue vue. Il s'agit de voir une bataille, une vraie bataille en rase campagne. Du point culminant où nous sommes, nous devons en suivre les détails comme sur un vaste échiquier. — Illusion.

Les collines s'infléchissent et se soulèvent en masses grises, coupées de bandes vertes et jaunes, qui sont les prairies et les labours. Des maisons petites comme des dés sont versées çà et là sur ce tapis polychrome. Des vapeurs flottent par endroits. Aucune forme humaine ne se révèle dans ce vaste champ. Seules, ces vapeurs font croire que la bataille se poursuit là, sous leur voile de blancheur.

Pourtant, oui, voilà un mouvement vers les hauteurs ! Il nous semble voir des bouts de fil noir disséminés sur un fond jaunâtre. Peut-être des régiments qui évoluent !

En somme, nous voyons que nous ne voyons rien. Après une assez longue et tout à fait vaine attente, et bien qu'il soit encore, selon Hugo, intéressant de regarder un mur derrière lequel il se passe quelque chose, nous redescendons de notre observatoire.

Pendant que nous étions là-haut, des dépêches, des estafettes sont arrivées. Nous aurons des blessés à recevoir. Il faut tout préparer pour en hospitaliser le plus possible. On les amènera sur des bateaux-mouches au quai du pont d'Austerlitz, rive gauche, devant l'entrée du Jardin des Plantes, c'est-à-dire dans notre immédiat voisinage. La Pitié, la Charité en recevront aussi. Il y a aussi un baraquement d'ambulance derrière la grille du Jardin des Plantes; il n'est pas certain qu'il soit encore logeable. Nous ne connaissons d'autres ressources assurées que celles dont nous disposons à la Salpêtrière; nous avons pourtant mission de faire la répartition des blessés entre les ambulances particulières.

A l'infirmerie générale, nous avons un service ancien; sur la Hauteur, dans le champ de la Buanderie, des baraquements spacieux; le matériel est prêt, les chirurgiens et les internes resteront en permanence dans l'établissement. Les blessés peuvent venir.

La nuit. Un froid noir toujours. Décembre commence avec une impitoyable rigueur. M. Gobert, notre directeur, va et vient, du quai à la maison; mais il est souffrant, très fatigué; il se résigne à demeurer à la Salpêtrière pour présider à l'installation des blessés, tandis que j'irai, avec des brancardiers militaires et les nôtres, les recevoir à la sortie du bateau.

Nous nous activons tous, allégrement, presque gaîment. C'est qu'une lueur s'est faite dans les ténèbres de notre tristesse. Les nôtres sont maîtres du champ de bataille. Tous, gardes nationaux et soldats de ligne, se sont bravement battus. Ils ont enlevé les hauteurs de Champigny; les Prussiens ont reculé, nous laissant des prisonniers, des canons!

C'est une joie! Ducrot est un grand général!

Beaucoup de sang versé, hélas! mais une semence de gloire pour l'avenir! Et déjà nous voyons se rompre le carcan allemand qui étrangle la ville, et nos frères de la province accourir! Nous attendons la France! Elle vient; au-devant d'elle, parmi les clameurs et les ardentes claironnées, vole une gigantesque Victoire ailée, qui a les traits, le geste ardent, les cheveux flottants, les yeux de flamme et la bouche vociférante de *la Marseillaise* de Rude.

Elle s'est détachée de la pierre de l'Arc de Triomphe. Elle a rompu l'enveloppe de bois dont on l'a voilée. Elle monte, elle vole dans la nuée, terrifiant sur son passage le troupeau des brutes allemandes, qui se terrent, épiant le moment favorable pour s'enfuir à grandes enjambées.

Cette vision nous suit dans l'ombre jusqu'au bord du quai, où il faut redescendre des hauteurs du rêve dans la réalité poignante.

Un premier bateau est là, dans le noir, qui s'étoile de la lueur des lanternes. Des torches viennent pour éclairer la route. Le bateau est plein de blessés, les moins gravement atteints groupés sur le pont; ceux qui sont couchés, alignés côte à côte, sur de la paille, sur des couvertures, quelques-uns sur des brancards, dans les salons de l'entre-pont.

J'entre dans le bateau. Il y a de tout là dedans, des sacs, des képis, des casques à pointe et des casques à chenille. Français et Prussiens se mêlent, se touchent. Quelques-uns fument, et l'odeur du tabac s'associe à des odeurs de pharmacie; le parquet est tout poisseux, le pied s'y colle, quand on reste un instant à la même place. C'est du sang étalé en larges nappes, filant en rigoles dans les rainures du bois.

On commence le débarquement. D'abord, ceux qui marchent. Ils s'en vont clopinant, soutenus par les infirmiers ou s'entre-soutenant, quand ils peuvent. Presque tous ont la capote jetée sur les épaules, nouée par les manches sous le menton. Dessous, il y a des bras cassés, des épaules percées, qui pendent ou saignent sous des linges ajustés à la hâte.

En voici un que l'on conduit, car il ne doit guère y voir clair. La tête est emmaillotée de bandes, crâne et face. On ne voit qu'un coin d'œil et un coin de bouche. Mais entre ce qu'on voit des lèvres, un brûle-gueule est planté, dont le blessé tire de larges bouffées. Allons, en voilà un qui aura la vie dure !

Le défilé des brancards est lugubre. Toutes ces faces pâles, sous la lueur des torches, semblent déjà dormir de l'éternel sommeil. Une plainte pourtant, un mouvement léger des mains ou des genoux trahissent la vie. Mais plus d'un passe, immobile, comme aplati, aminci, corps sans souffle. Pour celui-là, tout est dit. Il n'a plus besoin de chirurgien. On verra cela tout à l'heure, à l'ambulance.

Les bateaux maintenant se suivent et se vident.

Les blessés sont nombreux. Pourrons-nous les loger tous? J'ai envoyé demander des instructions à M. Michel Möring, l'Agent général de l'administration. Un billet de lui m'apprend qu'il doit y avoir de la place à la Charité et à la Pitié, et m'invite toutefois à faire pour le mieux, selon les ressources les plus immédiates.

De la Salpêtrière, en même temps, on me fait dire :

— Plus de lits ! Dirigez les blessés sur un autre établissement.

Mais le mouvement vers la Salpêtrière est irrésistible. Les porteurs de brancards semblent ne rien entendre, quand nous leur crions :

— Arrêtez ! Attendez !

Une lueur brille dans les baraquements du Jardin des Plantes encore inoccupés. Il est près de minuit maintenant. Nous y courons. Nous entrons dans une petite pièce, où deux officiers d'administration sont en train de manger des sardines à l'huile, tout en fumant tranquillement leur cigarette.

Je leur expose notre embarras. Encore des blessés, beaucoup de blessés et plus de lits !

— Nous n'y pouvons rien, nous n'avons pas d'ordres.

— Comment ! Vos services sous baraques sont montés ici, j'ai vu des lits, des couvertures !

— Ce n'est pas complet.

— Eh ! à la guerre comme à la guerre, on s'arrangera.

— Pas moyen ce soir ; c'est trop tard.

— Mais la Salpêtrière est comble.

— Il faut faire comme vous pourrez. Ce n'est pas notre faute.

Il n'y a rien à tirer de ces messieurs. Nous les quittons ; ils continuent à manger paisiblement leurs sardines et à fumer leurs cigarettes, tandis qu'à cinquante pas d'eux la procession des brancards continue.

Faute de bras, faute d'indications, à cette heure avancée de la nuit, par cette ombre épaisse et ce froid mortel, il n'y a plus qu'un parti à prendre ; laisser le convoi des blessés s'acheminer vers la Salpêtrière.

Il n'y a vraiment plus de place. Tant pis ! on se serrera. Plus de lits ! On mettra des matelas par terre, des paillasses.

D'ailleurs, il ne viendra plus de bateaux, maintenant avant le jour. On les pourra alors faire aborder plus loin.

C'est dans le baraquement du champ de la Buanderie qu'on a couché le plus grand nombre de nos blessés.

Un chirurgien est là, le docteur Cruveilhier, assisté de tous ses élèves. Il a déjà fait une partie de sa cruelle et pourtant bienfaisante besogne. Des cuvettes pleines d'eau rosée, des linges ensanglantés, des instruments dont l'acier brillant est rayé de traces rouges, des éclaboussures sur les draps, sur les tabliers, des plaintes vagues montant des coins pleins d'ombre, et le chirurgien allant gravement d'un lit à l'autre, tandis que les infirmières et la surveillante le suivent portant des bougeoirs allumés ou de ces lampes en cuivre, à la mèche fumeuse, dont la forme depuis le moyen âge n'a pas varié, voilà ce qui d'abord me frappe et m'arrête.

Le docteur Cruveilhier achève d'examiner un blessé ; il a reçu un éclat d'obus dans la cuisse droite. Le lingot a traversé les chairs et s'est arrêté sans toucher l'os. Il fait comme une poche lourde sous la peau intacte.

Le chirurgien fend la chair d'un rapide coup de bistouri et saisit le lingot qu'il tire tout rouge de la blessure et qu'il montre à ses élèves.

— Un pansement maintenant! Et il passe, tandis que je fais lentement le tour des lits. Beaucoup de blessés déjà dorment. Quelques autres ont les yeux ouverts, fixes, pleins d'angoisse. Là-bas, dans le fond à droite, gît un beau garçon que l'on regarde avec pitié, avec émotion. Une belle tête pâle aux cheveux bruns bouclés, avec une moustache soyeuse retroussée sur des lèvres fières, de grands yeux clos, dont les longs cils font une ombre dans cette pâleur. Pas un muscle ne bouge. Ne pas se remettre de ce profond évanouissement, ce serait pour lui un bienfait. Il a les deux jambes fracassées.

Au retour, près de la porte, je vois allongé un jeune Bavarois imberbe. Le ventre est découvert; au côté droit un trou rose, où l'on mettrait à peine le bout du petit doigt. Cela a l'air très simple. Le petit soldat pourtant va mourir. Les intestins sont perforés.

Près du blessé est assis un de nos camarades que la vue de cet enfant a apitoyé et qui sait, je crois, un peu d'allemand. D'ailleurs, peut-être le soldat parle-t-il français? Ils ont presque tous cette supériorité sur nous autres. On n'entend pas ce qu'il murmure. Il pousse de faibles plaintes, comme des vagissements de nouveau-né ; puis, par instant, ses yeux se rouvrent. Sa tête est très haute sur le chevet ; il cherche à voir sa blessure, il regarde avec une espèce d'étonnement naïf cette tache rose sur la peau blanche. Puis il tourne un peu la tête vers celui qui l'assiste. Il parle plus clairement. Il commence à dicter une lettre à sa mère.

Nous prolongeons la veillée en des causeries toutes vibrantes d'espérance. Et au delà de ces scènes tristes et touchantes, nous apercevons très clairement, par l'effet d'un rayonnant mirage de notre imagination, les coteaux de Champigny, tout bouleversés par la bataille, et nos soldats endormis sur les positions conquises, tandis que le drapeau tricolore frémit au souffle de la nuit, et qu'à l'horizon les casques pointus défilent dans l'ombre au pas accéléré de la retraite.

Deux jours passés, deux jours de joie chimérique ! Nous apprenons, ce soir, que sur un ordre du général Ducrot, les nôtres ont repassé la Marne, abandonnant le terrain gagné. Ce n'est pas la retraite, ce n'est pas la défaite, c'est une manœuvre de prudence, de réserve. Quoi? enfin. On n'en sait rien au juste. On se regarde avec stupeur. Ces espérances glorieuses de la veille, et tout à coup cette déconvenue, cette chute ! C'est navrant !

* *

Décembre. — Notre pauvre directeur a succombé à la tâche. L'installation des blessés de Champigny aura été son dernier effort.

Déjà malade, il allait toujours, fidèle à sa vieille habitude de se rendre quotidiennement, l'après-midi, à l'administration, par tous les temps.

Un matin, je l'ai trouvé renversé dans son fauteuil, la face congestionnée, la parole balbutiante. Il avait éprouvé une contrariété vive ; très surexcité, il voulait aller à l'administration. J'ai fait de vains efforts pour l'en empêcher. Il a insisté avec une volonté froide.

— Je prendrai une voiture. Je vous le promets.

Et il est parti. Rentré, le soir, il ne tenait plus debout.

Le mal a fait des progrès rapides. Il m'a fait appeler deux ou trois fois, pour me parler de l'administration. Aller à l'administration, prévenir l'administration ! Toujours l'administration !

Aucune autre pensée n'occupait son esprit que celle des devoirs de sa charge.

Ainsi il s'en est allé, après une longue carrière,

Il avait été directeur de la Maternité, de la Maison de santé et de l'Hôtel-Dieu.

Hospitalier fidèle aux anciennes traditions, il était du temps où chaque établissement jouissait d'une espèce d'autonomie et exigeait de la part de ceux qui le dirigeaient beaucoup d'initiative et d'autorité réfléchie.

Il a sa légende ; elle nous le représente, par exemple, à la Maison de Santé, allant se coucher dans un lit vacant ; puis, tranquillement, sonnant pour voir combien de temps les gens de service mettraient à venir à son appel.

Et quand il avait attendu trop longtemps, les coupables terrifiés le voyaient se dresser foudroyant devant eux. On juge de ce qui devait se passer quand aucun serviteur ne venait au coup de sonnette.

Comme directeur intérimaire, en attendant le successeur de M. Gobert, on nous envoie Léon Le Bas, qui est à peine notre aîné et déjà a fait ses preuves. C'est un bon choix. Il connaît bien notre grande maison, en ayant été l'économe ; il est actif et d'esprit ferme ; avec cela bienveillant, qualité rare.

*   *
*

Visité l'ambulance, maintenant au complet.

J'ai vu là, couchés côte à côte, un Allemand blond,

aux yeux clairs, un Français du Nord, blond aussi avec des yeux d'une douceur enfantine : ils ne se comprennent pas, mais ils se rendent de petits services; et tout de même ils se parlent : ils ont de longs regards mélancoliques, des hochements de tête et quelquefois des sourires tristes. Il semble qu'on entend ce que dit leur âme :

> Vois : la même source vermeille
> De notre blessure a coulé ;
> Mon sang à ton sang s'est mêlé,
> Notre âme sans doute est pareille.
>
> Nous, qui ne nous connaissons pas,
> On nous pousse l'un contre l'autre ;
> Et la cause n'est pas la nôtre
> De ceux qui veulent ces combats !

N'y a-t-il pas dans ces vers qui se formulent dans mon cerveau, le germe d'un court poème ? Idée vieille, banale sans doute, intéressante et touchante malgré tout !

* *

Les trente sous. — L'adjudant-major ronchonne toujours, et son inévitable refrain : « Il n'y a qu'une garde nationale, il n'y en a qu'une ! » revient plus fréquemment, surtout depuis qu'il a été décidé que les gardes nationaux recevraient une indemnité, ou, si l'on veut, une solde de trente sous par jour.

Cela dure depuis quelques semaines et l'esprit des gens de notre bataillon, ceux de notre compagnie du moins, que nous voyons de plus près, paraît en avoir été vaguement influencé.

Ceux dont la situation était devenue précaire, faute de travail, paraissent avoir repris confiance en l'avenir. Et comme les nouvelles sont de plus en plus inquiétantes, que les prophètes autrefois optimistes entrevoient le moment où il faudra que Paris mette bas les armes, cette confiance se double parfois d'une résolution farouche : Pas de désarmement ! Pas de soumission !

Parfois, quelque aigreur se mêle à leurs rapports avec les lignards. Ces derniers, campés dans des baraquements, le long des boulevards extérieurs, faisant là leur popote le long des trottoirs, assistent au défilé des bataillons qui vont aux remparts ou en reviennent. Et les quolibets pleuvent volontiers. Les soldats crient :

— Eh ! allez donc, les trente sous ! Allez, les troupiers à dix-huit francs la douzaine, à cent cinquante francs le cent !

— Vous verrez, me répète constamment l'adjudant-major, que tout ça finira mal. Quand il faudra reprendre leur fusil à nos hommes, leur supprimer ces trente sous, il y aura du grabuge, c'est moi qui vous le dis. Vous verrez.

C'est vrai pourtant que le fusil est devenu le gagne-pain de beaucoup; mais quand on le leur retirera, on aura assurément du travail à leur donner. Ne faudra-t-il pas réparer les brèches de la guerre? Le capitaine met trop les choses au pire.

*
* *

Visite aux grand'-gardes. — Je suis inquiet de notre frère Achille. Ce garçon plein de courage est dans un déplorable état de santé. Les fatigues du siège ont aggravé une affection du cœur dont il souffre depuis plusieurs années. Nous avons épuisé toutes les raisons pour le décider à se borner au service des remparts, à ne plus faire partie des compagnies de marche, ce qui l'oblige à passer les nuits à la tranchée, à subir les températures les plus meurtrières. Son colonel lui-même s'en est mêlé, reconnaissant que, s'il donne un très bel exemple aux camarades, il n'y saurait persister davantage sans risquer sa vie. Rien n'y a fait.

Achille dit simplement et bravement:

— Ma vie, j'en ai fait le sacrifice. Je ne veux pas quitter ma compagnie; ce serait une lâcheté.

Sachant qu'il devait occuper un poste à l'avancée,

hors Paris, j'ai au moins obtenu de lui qu'il allât voir le docteur Charcot. Ce dernier l'a ausculté et lui a dit :

— Il faut faire un service très doux, rester à Paris.

Et à moi, en particulier :

— Retenez-le ici — c'est prudent. S'il a une côte à monter un peu vite, arrivé au bout il sera « esquinté ».

Il est parti quand même. Je suis allé le voir là-bas, à Cachan-Arcueil, près d'une grange où dernièrement il y a eu un engagement avec les Prussiens. Je l'ai trouvé heureusement en convenable état, point trop fatigué par le service de la tranchée. Nous avons parcouru le village et les environs. Peu de maisons intactes. Le reste n'est que ruines, surtout les villas et petites maisons de plaisance, abandonnées forcément par leurs propriétaires. Pas une boiserie entière. C'est un spectacle lamentable. On m'affirme qu'il n'est point l'œuvre des Prussiens, ni le résultat de la bataille. Ce sont les mobiles parisiens qui ont saccagé les propriétés, par nécessité, pour se chauffer avec les lambris arrachés, avec les meubles démembrés, quelquefois aussi par amour de la destruction, comme des gavroches.

Dans une maison ouverte à tous les vents, nous trouvons sur les murs du salon cette inscription :

« Ici des mobiles ont campé. Ils en informent le propriétaire et lui demandent pardon de *s'être si bien chauffés à ses dépens.* »

La gare de Cachan, sous l'aqueduc, ne tient debout que par miracle. Comme je veux m'avancer sur la voie, on m'en empêche : les Prussiens invisibles nous voient ; ils peuvent nous saluer d'une décharge.

Je suis revenu, rassuré, plus content et plus tranquille au sujet de notre entêté soldat ; et de Cachan-Arcueil, en passant par Bicêtre, j'ai atteint la redoute des Hautes-Bruyères. Nous avons là un jeune parent à qui j'ai promis depuis longtemps ma visite. Il sert dans l'artillerie mobile. Je le trouve à sa batterie, couché dans une casemate, frileusement enveloppé de toutes les couvertures qu'il a pu trouver, et s'ennuyant ferme. Il a passé la nuit debout ; il est éreinté.

— Et tout ça, pourquoi ? ajoute-t-il de mauvaise humeur, puisqu'on nous défend de tirer.

— Comment ! on vous défend de tirer ?

— Certainement. Nous voyons les Prussiens là-bas. Ils sont souvent à portée. Plus encore ! un convoi escorté de cavalerie a passé l'autre jour devant nous ; nous pouvions compter les hommes à l'œil nu. Nous avons voulu pointer une pièce sur eux ; l'officier s'en est aperçu ; il est arrivé furieux :

— Défense de tirer !

Et tout de suite une opinion s'est faite chez ces jeunes gens : leurs officiers vendus ou paralysant la résistance par fidélité à l'empire déchu.

Ainsi, l'idée de la trahison s'est immédiatement glissée dans tous les rangs.

Des faits se multiplient qui semble la confirmer.

Mieux qu'aux espions, on croit maintenant à l'existence d'éléments de réaction, de dissolution dans les rangs de l'armée.

Que nous soyons mal dirigés, sans méthode, sans autorité, cela éclate ! Que nous soyons trahis par plusieurs de ceux-là qui doivent nous défendre, c'est ce que je ne puis me résigner à croire encore. J'aime mieux accuser leur incapacité que leur loyauté.

Pourtant on crie, même dans notre paisible bataillon de rempart. Il y a des dénonciations contre tel ou tel officier à propos de tout et surtout à propos de rien. Tout récemment, le commandant lui-même a été tenu en suspicion, traduit devant une assemblée de délégués du bataillon. On l'a accusé d'être de la police ou tout au moins d'en avoir été sous l'empire — quelque chose comme sergent de ville. Sa longue moustache, son nez d'aigle et ses cheveux bruns plaqués aux tempes lui donnent, il est vrai, quelque chose du physique de l'emploi ; il n'a été pourtant que soldat, sous-officier d'artillerie; présentement, quand il n'est pas de service, il trône en tablier de serge, son képi de commandant sur la tête, derrière le comptoir d'un débit de vins de la rue de Lourcine, dont il est propriétaire, et sert familièrement à boire à ses clients galonnés ou non.

Sa parole est franche et son regard crâne. Il n'a pas de peine à retourner l'opinion et, la réunion close par un triomphant non-lieu, il remonte à cheval et disparaît :

Montons au Capitole et rendons grâce aux dieux.

Tout cela est très drôle et très triste !

* *

Le froid s'accentue, un froid noir, avec des coups de bise coupante. Nous n'avons plus que très peu de combustible; déjà nous avons sacrifié quelques arbres dans les jardins particuliers. Les vieilles caisses, les vieux tonneaux, parfois des meubles, tout y a passé.

Depuis plusieurs jours on parlait de faire « du bois » avec les grands ormes du boulevard de l'Hôpital et de l'esplanade devant la Salpêtrière. Des gens, en effet, sont venus, ce matin, avec des cordes,

des scies, des cognées; ils se sont mis à abattre les beaux arbres des quinconces. Les soldats campés dans les baraquements du boulevard de l'Hôpital regardent, muets; les enfants du quartier volent des brindilles sèches, les amassent et y mettent le feu, riant et sautant autour du brasier qui pétille et s'éteint vite après un flamboiement clair...

Une servante passe, qui raconte l'histoire d'un pauvre homme trouvé gelé, cette nuit, dans son taudis, derrière le Jardin des Plantes.

On débite le bois en bûches, en fagots. Tout cela s'en va vite, sur des charrettes... On va se chauffer ce soir.

— Et ça va chauffer demain! dit un vieux troupier, en se frottant les mains comme ragaillardi; car on a parlé d'une sortie irrésistible; on en a parlé si souvent!

J'avais vu un beau chêne dans un jardin clos, vers le Val-de-Grâce — un beau chêne robuste, tordant ses bras noueux — comme nourri en plein Paris d'une sève aussi vivifiante que celle des profondes forêts. Je viens de passer, en rentrant, devant le grand mur. Il y avait un large vide entre les maisons, un pan de ciel que je ne connaissais pas...

Et, devant la porte, encore cette charrette des bûcherons sur laquelle s'entassaient le tronc rugueux et les branches torses de l'arbre abattu... Et des petits enfants, cheveux blonds, mines effarées, leurs beaux yeux pleins de larmes, se pressaient pour voir. Ils aimaient bien l'arbre, il était la gloire de leur jardin et on m'a dit qu'un vieil homme, leur aïeul, s'était enfermé dans la maison triste, pour ne pas voir tomber le chêne.

J'ai marché jusqu'au bout de la rue Poliveau, j'ai voulu revoir le vieil arbre de Liberté planté en 48, qui monte maintenant si haut et qui, en été, met une ombre fraîche sur la fontaine de pierre... Il y est encore. Je voudrais qu'on l'épargnât... il me semble que c'est, avec ses branches noires, désolées, dépouillées, mais robustes, pleines de sève, l'image du peuple qui ne doit pas mourir...

Les Halles désertes. — Nous nous cantonnons vraiment trop dans notre quartier. Le temps s'y partage entre la garde au secteur, qui revient tous les deux ou trois jours, le service hospitalier qui va régulièrement son train séculaire, la lecture des journaux, les commentaires des passants et quelques parties de billard faites dans les conditions que voici:

Comme il n'y a plus de gaz, nous avons imaginé d'éclairer la partie au moyen d'un flambeau de cuivre allumé au beau milieu du tapis vert.

On met l'enjeu dans la coupe du flambeau ; cette mise s'augmente de toutes les amendes infligées au joueur, quand, dans la course des billes lancées par lui, l'une d'elles vient toucher le flambeau. Trois accidents de ce genre le mettent hors partie ; la mise et les amendes appartiennent au dernier partenaire assez habile ou assez heureux pour n'avoir pas fait tinter le cuivre du chandelier.

La nostalgie de Paris de temps en temps nous prend ; nous voudrions savoir ce qui se passe au cœur de la cité, grouillante, le matin, noire, le soir, comme une petite ville de province.

Elle m'a pris personnellement, ce matin. Et puis, au désir de voir des figures nouvelles, de respirer un autre air que celui de notre quartier de l'Hôpital, se joignait celui de rapporter quelques vivres. Hier, les provisions étaient épuisées ; la ration quotidienne s'est faite bien mince. L'ingénieux Parisien du quartier des Halles a peut-être fait sortir du sol, comme par miracle, quelque ressource extraordinaire.

Je veux y aller voir. Et, tout en marchant le long de la Seine, j'évoque en mon esprit le tableau riant des Halles, qui est, en temps ordinaire, comme un gigantesque palais de féerie, le palais de l'Abondance entouré de montagnes de légumes, de fraîches vallées vertes, d'où montent les cris des marchands et le bavardage des cuisinières. Sous les vastes arceaux des verrières, on y respire l'odeur des vergers; on y sent la pomme, le parfum subtil du champignon, la fleur fraîchement coupée, tandis que l'œil s'y régale de couleurs crues. A la Marée, c'est la gaîté des nuances fines, l'étalage des bêtes remuantes tendant leurs pinces à travers des blancheurs nacrées, sur des lits de goémon, dans la dentelle des algues arrachées du rocher.

J'arrive par le square des Innocents. Je vais tout droit au carré du poisson, où tant de fois je me suis arrêté, le matin, pour le curieux spectacle de la criée.

C'est un désert. Les tables blanches des écaillères et des poissonnières s'allongent nues comme les dalles d'une nécropole; les bassins de pierre sont vides; des emballages, de vieux paniers traînent sous les tables. Au beau milieu, devant un étal chargé de quelques boîtes, un homme se tient. Que vend cet extraordinaire marchand? Des salaisons sans doute! Quelques barils d'anchois salés, ou quelques douzaines de harengs! Pas même cela.

Parmi les boîtes, toutes vides, mises là assurément comme une amorce pour attirer de loin le passant, deux ou trois bocaux d'un étrange produit, qu'il offre comme très comestible, nourrissant, bon pour les potages surtout : de longs filaments jaunâtres d'un aspect gélatineux. Avec une extrême bonne volonté, on pourrait prendre cela pour des fragments de ces précieux nids d'hirondelles qu'on voit parfois à la vitrine de Chevet. Je crois que c'est tout bonnement de la colle de poisson.

Et je m'en vais, attristé, les mains vides. Rien jusqu'ici ne m'a mieux fait comprendre la détresse de Paris, que cette visite aux Halles désertes.

Dans les autres pavillons, on vend un peu de tout, de la ferraille, de la vaisselle, des défroques, des paniers et rien dedans, sinon quelques lots de bouchons de liège. Le liège a son usage, car si la nourriture solide manque dans Paris, le liquide ne manque pas, et on y débouche, chaque jour, d'innombrables bouteilles. Chez les marchands de vin, en rentrant à la maison, je vois des groupes pressés autour du comptoir, comme des mouches sur du lait. De petits ronds vert pâle marquent la table de tôle peinte : l'absinthe met là perpétuellement sa trace, comme dans l'air s'épand son arome, annonçant à distance le débit où s'échangent les propos, les nouvelles et les commentaires.

On se plaint de l'inaction, de l'apathie des chefs ; on voudrait sortir. Une sortie en masse, qui écraserait l'armée prussienne sur toute la ligne.

Il faut en finir ! Et la vieille idée des trahisons

obscures passe encore à travers cette foule, qui se monte, s'excite et peut éclater, un de ces matins, en quelque formidable explosion.

*
* *

Chasse. — J'ai organisé des chasses dans la Salpêtrière, à travers cours et jardins. Il s'agit d'augmenter un peu les ressources de la famille. Que dira l'autorité? Baste! les vivres sont rares, et, depuis le commencement de l'investissement, on n'en est plus à compter les dérogations à la règle courante!

Les bonnes vieilles, elles, ne craignent pas un coup de fusil, tiré jusque sur l'appui de leurs fenêtres et détruisant quelque infortuné pierrot. Je vais aussi dans les jardins, et dans le grand potager de l'établissement, où il y a des sansonnets. Les merles sont nombreux, toutefois, pleins d'astuce; on ne peut les approcher; on n'en abat un de loin en loin que par surprise, en le tirant le plus souvent du haut de la fenêtre de mon cabinet de travail, où le fusil reste en permanence, tandis qu'à une autre fenêtre, la jeune bonne qui nous sert est en vedette, ce pendant que j'écris, comptant sur sa vigilance.

Qu'une tache noire apparaisse et sautille sur le gravier sec ou sur la neige, — car il neige souvent, maintenant, — Philomène — c'est la bonne — entr'ouvre discrètement ma porte :

— M'sieu, un marle !

Je prends le fusil, je fais jouer aussi silencieusement que possible l'espagnolette, puis, la fenêtre ouverte, communément le « marle » est parti !

Cela m'a toujours donné une émotion d'un instant.

Édouard Blau, qui a pu venir reprendre nos séances de collaboration, s'amuse beaucoup de cette petite mise en scène.

Et rien ne le ravit tant que, lorsque au milieu d'une discussion animée, au sujet de quelque situation à développer, se montre le visage légèrement effaré de Philomène et que sa voix mystérieuse murmure :

— M'sieu, un marle !

Je me lève, je mets mon binocle, j'ouvre, je tire, je manque, — je me rassieds et nous continuons la discussion :

— Nous disions donc que la princesse...

* *
*

Blau me reparle de son service au rempart. Je lui avais promis de l'aller voir, pour faire la connaissance de sa pièce l'*Alerte* déjà illustre parmi nous et nos amis ; je ne l'ai pu encore.

Quelques semaines ont étendu sur son bastion, comme sur le nôtre, un voile de monotonie et d'ennui. Et pourtant la promenade périodique, au rempart, est une habitude prise : on n'y renoncerait pas sans regret. Si banale qu'elle soit, elle fait au moins un incident dans notre vie plate et morne.

— C'est à tel point, me raconte Blau, que l'un de ces matins nous nous sommes révoltés contre un ordre du général Riffault, notre chef suprême. Cet ordre simplifiait à bonne intention le roulement des effectifs attachés à chaque pièce et nous donnait une liberté beaucoup plus grande que celle que nous avions eue jusque-là. Mais cette liberté, c'était l'ennui des journées vides, la pesanteur d'une oisiveté à laquelle nous condamnait la cessation de toutes nos occupations ordinaires. Nous avons donc protesté contre la faveur qu'on voulait nous faire, et le général nous a honorés de la réponse que voici et qui ne va pas, je crois, sans quelque ironie à l'endroit de notre ardeur extraordinaire :

« Le général commandant l'École polytechnique autorise le premier groupe du bastion 86, non seulement à conserver aux quatre pièces l'effectif de cinq canonniers par jour, mais encore à venir au grand complet de l'effectif actuel, si cela convient à la majorité.

» Il autorise même le premier groupe à venir tous les jours et toutes les nuits, si cela lui agrée.

» Ce zèle ardent pour le service donne au général une vive satisfaction.

» GÉNÉRAL RIFFAULT.

» 7 novembre 1870. »

Voilà un point d'histoire fixé pour la postérité. Les canonniers volontaires forçant la main à leur général pour maintenir dans leur service une rigueur qu'il estimait inutile !

**

Bombardement. 9 janvier 1871. — Plus nous allons, mieux je comprends combien l'histoire tient peu de place dans la vie individuelle. Du grand drame qui se déroule autour de nous, nous n'avons eu que de faibles échos ; nous aurions pu en ignorer tout, comme ces fabuleux montagnards qui ont vieilli, assure-t-on, sans notions positives sur la République, sur l'Empire, et ont pu descendre vers les villes, sous la Restauration, avec la croyance que les Bourbons n'avaient jamais cessé de régner.

Parmi nos vieilles mamans, plusieurs devaient être dans le même état d'esprit, jusqu'à ces derniers jours.

Toutefois, cette marée montant autour de nous a fini par atteindre jusqu'à notre île.

La terreur qui règne dans Paris a gagné notre population hospitalière ; un coup de tonnerre l'a soudainement tirée de sa torpeur accoutumée et lui a fait connaître les horreurs du siège, ce que n'avait pu faire la disette. L'enceinte de la paisible Salpêtrière a été rompue, hier, de la façon la plus inattendue et la plus terrifiante.

Le bombardement de Paris est commencé. Les obus prussiens tombent depuis le 3 dans les parties voisines de l'enceinte, à Montrouge, sur le quartier Saint-Jacques et jusqu'à l'Observatoire. Nous avons un instant pu croire que nous serions épargnés. On s'est plu à répéter que les assiégeants ne tireraient ni sur les monuments, ni sur les hôpitaux, où ils savent qu'un certain nombre des leurs, prisonniers, sont actuellement en traitement.

Ce n'a pu être là qu'une considération sentimentale. Et puis, même en admettant la réalité, comment concevoir que les pointeurs des canons Krupp, dont les batteries sont à Châtillon ou à Meudon, vont pouvoir choisir leur but, épargner un hôpital pour frapper à côté une caserne ? Non, ils tirent dans le tas et ne sont pas gens à se soucier de deux ou trois blessés prussiens exposés à leurs propres projectiles, pourvu qu'ils répandent l'horreur dans nos rues, sur nos places, dans nos églises, dans nos salles de malades. C'est de la barbarie mathématique. La faim n'a pas réduit Paris ; il faut en ensevelir les habitants sous les ruines de leurs demeures !

Donc, hier, sans que le bombardement se ralentît vers Montrouge, notre tour est venu.

Vers neuf heures du soir, je causais avec quelques amis sur le boulevard de l'Hôpital, quand un nouveau venu m'affirme qu'un obus est tombé, il y a une demi-heure sur le boulevard même, au 89, devant la porte du Magasin Central des hôpitaux, c'est-à-dire tout près de nous.

Je me dirige de ce côté, pour avoir des renseignements sur ce fait estimé douteux, quand, à l'entrée de la rue Poliveau, je vois passer à ma droite comme un gros paquet noir qui disparaît derrière le mur du jardin de la maison, à l'angle de la rue. Au même instant, une détonation effroyable retentit. Le paquet noir était tout simplement un obus de Krupp.

Au lieu d'aller vers le Magasin Central, je rentre à la Salpêtrière pour prévenir le directeur et le préparer à tout événement. A peine en avais-je franchi la porte que voilà deux, trois, quatre détonations précédées de sifflements pareils à un froissement de soie, et des explosions illuminant la nuit.

Au bout de la cour d'honneur, sous la voûte conduisant au pavillon du directeur, au-dessus duquel nous habitons, toute la Hauteur s'illumine devant l'ambulance; un obus vient d'arriver et d'instinct, je me suis rangé respectueusement contre le mur.

En cinq minutes toute la maison est en l'air. Les sifflements et les détonations se succèdent. Les obus frappent les bâtiments, ricochent sur les pavés, y éclatent ou, par hasard, vont s'enfouir dans les pelouses. Nous sommes restés sur pied toute la nuit, ne voulant pas descendre dans les caves, solides comme des casemates; nous nous installons pour passer la nuit dans une petite pièce à l'entre-sol, que nous supposons mieux à l'abri des projectiles. Les femmes, les enfants s'y endorment, tandis que nous nous préoccupons de ce qui se passe dans la maison. Deux personnes nous manquent, deux dames, toutes deux de la famille de l'économe. On me met à leur recherche; je les découvre enfin dans un vieil égout abandonné, dont le jardinier a fait une champignonnière. La voûte est haute et solide. On peut marcher très droit là dedans; de chaque côté court une banquette en pierre; sur cette banquette je trouve ces dames tranquillement assises, leur petit sac sur les genoux, comme deux voyageuses au cours de quelque paisible traversée. Je les engage, en les menaçant d'un refroidissement, à remonter sur la terre ferme et je les conduis au quartier général de notre pavillon, où elles s'endorment avec les autres d'un sommeil fréquemment ponctué de détonations.

Cette musique a duré toute la nuit, irritante, émouvante, effrayante aussi, quoi qu'on en ait dit ; et nous pensons avec angoisse à ce que sera le réveil, devant quel désastre nous allons nous trouver, car nous ne savons rien de précis ; on a beau se multiplier, on ne peut être partout.

Enfin le jour naît. L'ouragan de fer s'apaise. Tout le monde vient au rapport.

Et c'est une joie quand on constate que personne n'a reçu une égratignure durant cette terrible nuit. Les bâtiments ont de fortes écornures, un logement à la cuisine générale a été détruit et la cuisine même partiellement bouleversée ; le sol est profondément labouré, des excavations s'ouvrent dans les jardins et partout, partout, des éclats d'obus énormes ! Quelques projectiles n'ont pas éclaté ; on les réunit pour les envoyer à l'Arsenal.

Maintenant, on commence à rire ; les nouvelles qu'on nous apporte glacent vite le rire sur toutes les lèvres. Le sang a coulé autour de nous : de pauvres gens, des enfants, des femmes ont été tués chez eux ou dans la rue.

Combien durera cette épreuve ? Il faut mettre à l'abri ceux qu'on aime, que le devoir n'enchaîne pas à un poste. J'enverrai les miens chez mes bons parents Buissot, rue de Cléry, en plein Paris. Ils nous offrent l'hospitalité. Je ferai tous les jours la course entre la Salpêtrière et le quartier de la Bourse ; je n'aurai à penser qu'à moi. C'est déjà un allégement.

Pendant toute cette nuit, les obus faisaient rage autour du baraquement-ambulance de la Hauteur. Les blessés n'ont pas fermé l'œil. Parmi eux, un Prussien, tout effaré, interrogeait les infirmiers et répétait piteusement, en mesurant les effets de la brutalité allemande :

— Oh ! ce n'est pas bien ! ce n'est pas bien !

15 janvier. — Le bombardement a continué, moins violent. Il a fallu pourtant, le 11, évacuer l'ambulance de la Hauteur. Les blessés n'y tenaient plus en place.

Une pauvre vieille femme a été éventrée par un obus, dans un dortoir du pavillon Fouquet, en pleine nuit, dans son lit.

Sera-ce tout ? On prétend que le bombardement va cesser. On dit aussi qu'un coup de désespoir va déterminer le général Trochu à donner aux gardes nationaux la satisfaction d'une sortie en masse.

Ainsi soit-il ! Tout vaut mieux que l'inertie, même l'écrasement définitif.

Nous n'avons pas eu souvent Achille depuis ma visite à Cachan-Arcueil. Son bataillon fait un service très actif et s'entraine en vue de cette sortie annoncée toujours comme imminente.

Hier, pris rendez-vous pour le voir un instant au Carrousel où manœuvrait son bataillon. Très curieux, l'aspect de ces troupes improvisées. Maintenant, tout le monde est habillé; seulement, comme le drap a manqué, on n'a pu donner le même uniforme à tout le bataillon; il en résulte une extraordinaire variété de couleurs dans les vareuses et les pantalons; il y en a de bleus, de verts, de marron, de noirs, de gris! Un bataillon polychrome! Les hommes sont les premiers à rire en s'entre-regardant; tous sont pleins de courage et de fougueuse ardeur, tous appellent de leurs vœux le moment d'une rencontre avec l'ennemi, voilà l'important au point où nous en sommes. Si les uniformes sont variés, ceux qui les portent n'ont qu'une pensée et qu'une âme!

18 janvier. — Enfin c'est pour demain! — Achille est venu prendre congé de nous. — Son bataillon sera cette nuit à Courbevoie ou à Suresnes, et demain au petit jour, branle-bas de combat sur toute la ligne ! Il s'agit de faire une trouée du côté de Versailles, d'aller donner la main à notre armée de province, enfin de débloquer Paris !

*
* *

19 janvier. — Journée pleine d'angoisses, d'espérances et de désillusions ! Le général Trochu a commandé les troupes pour cette sortie d'où dépend le sort de Paris.

Montretout a été occupé à dix heures. Puis un brouillard intense s'est étendu sur les combattants, rendant toute observation difficile. A ce moment, on n'avait pas encore entendu le canon prussien.

A la fin du jour, une décourageante nouvelle circule.

La gauche de nos troupes a fléchi. Nos colonnes ont dû se retirer des hauteurs occupées le matin.

C'est un désastre ! C'est la fin !

*
* *

Hélas ! ce que nous redoutions tant est arrivé. Et le docteur Charcot n'avait pas fait une vaine menace !

Ce soir, comme je rentre, on me remet un billet de la part du lieutenant de la compagnie de marche dont fait partie Achille. Quatre lignes pour m'apprendre une bien cruelle nouvelle : Achille mort, dans le parc de Béarn, en montant à l'assaut des hauteurs vers la maison Pozzo di Borgo ; non point frappé d'une balle, comme il pouvait s'y attendre en ses rêves de soldat, foudroyé par une rupture du cœur, déterminée par l'effort suprême exigé par l'assaut rapide. On n'a pu rapporter le pauvre garçon. La retraite a donc été bien hâtive ? Elle a donc pris le caractère d'une fuite ? De la colère se mêle à mon chagrin, de l'indignation contre les compagnons d'armes abandonnant un des leurs à l'ennemi. Je ne dirai rien aux miens aujourd'hui de ce malheur. J'irai d'abord à la recherche du corps qu'on m'affirme avoir été déposé dans un pavillon rustique du parc de Béarn.

* *

21 janvier. — Tout est arrangé pour ma triste expédition ! Il y a un armistice depuis hier ; on peut, pour le service des ambulances, franchir les lignes, aller à travers le champ de bataille jusqu'aux avant-postes prussiens. Mon parent, Jules Varnier, chef de la division des hôpitaux, me donne un mot pour l'Hôtel-Dieu, où s'organise un convoi de brancardiers de la Croix-Rouge, sous la direction de M. Régamey. J'expose à ce dernier l'objet de ma démarche. Il consent à me prendre à sa suite avec le lieutenant qui m'a transmis la triste nouvelle et qui est venu se mettre à ma disposition avec un zèle extrême, voulant, je le sens bien, effacer, faire absoudre l'inconcevable oubli de la première heure, l'abandon du camarade tombé devant l'ennemi, dont je sais maintenant qu'il a été sévèrement blâmé par ses chefs.

Nous partons, en longue colonne, avec des voitures, du matériel, des drapeaux blancs à la croix rouge. Le voyage se fait assez rapidement. Quelqu'un tout à coup me fait la remarque que si j'ai revêtu des habits civils, suivant la recommandation faite d'avance, j'ai néanmoins gardé mon pantalon d'uniforme, à bande rouge, et que si j'entre ainsi dans les lignes, je m'expose à me faire retenir par les Prussiens.

Je m'empresse d'arracher la bande rouge; la couture du pantalon cède en même temps et me voilà continuant mon voyage avec un crevé sur chaque jambe; je me raccommode tant bien que mal avec quelques épingles; le froid intense me pince assez vivement; je suis du moins correct; je puis affronter l'examen de nos ennemis.

Nous passons les postes avancés, où veillent les francs-tireurs parisiens, dont quelques-uns portent au chapeau une branche de houx et nous gravissons les hauteurs vers Montretout. Je suis là assez loin du but où je tends, de ce château de Béarn, dont la grille borde la Seine; mais je ne puis me séparer du gros de la troupe. Quand elle aura rempli sa tâche, on verra ce que l'on peut faire pour m'aider dans ma recherche. Je suis donc docilement, avec mon compagnon, les brancardiers, qui s'avancent en file sur le plateau.

A chaque instant, depuis que nous avons franchi les lignes et que nous marchons en plein inconnu, le chef de l'expédition crie :

— Marchez doucement, en file serrée. Élevez les drapeaux très haut !

Malgré l'armistice, il craint quelque surprise, quelque malentendu, une soudaine attaque contre notre pacifique troupe.

Enfin, nous sommes sur le champ de bataille encore tout bouleversé de la lutte d'avant-hier. Un grand silence sur la plaine encadrée dans la ligne violette des bois... La terre, creusée d'ornières, piétinée, ravinée, des milliers de cartouches vides, des courroies rompues, des sacs; sur les pentes, parmi les flaques gelées, des formes confuses. Des corbeaux tournoient au-dessus d'un épais taillis, rétrécissent peu à peu leur cercle, puis fondent sur quelque proie invisible...

Pas un être dans cette immensité morne. Où donc

étaient les Prussiens? Où sont-ils? On me montre les bois au loin. C'est de là que venait la mort. Une guerre d'ingénieurs... Des batteries foudroyant à longue distance. La bataille sans la lutte... l'ennemi terré, invisible.

Nous avançons dans un chemin étroit, encaissé. Un officier à cheval, précédé d'un trompette portant le drapeau parlementaire, est maintenant en avant de nous. On nous recommande de garder le silence. Pour qui? Personne n'est là. Enfin, dans l'échancrure, au bout du chemin, surgit une forme sombre, soudainement debout, immobile... un cri guttural... un appel de clairon.

L'apparition s'évanouit... Et en une seconde, comme une fourmilière dérangée d'un coup de talon, des petits soldats, noirs, guêtrés de laine, en uniforme terreux, accourus en masse, sortis je ne sais d'où, de quelque trou du sol, de quelque carrière sous bois, se groupent, entourent un officier supérieur jeune, froid, poli, à casquette blanche, en tunique bleu de ciel, abordant notre parlementaire.

Quatre mots échangés, secs, rapides. Puis, les petits soldats noirs — des Bavarois, me dit-on — vont chercher quelques-uns des nôtres, tués l'avant-veille, tombés dans les lignes prussiennes et qu'on nous rend... Tous frappés au front, frappés en montant le coteau ; on dirait un coup de hache méthodique sur tous ces fronts pâles, aux cheveux raidis par le sang.

Un des derniers, on apporte un grand officier de zouaves, lui aussi frappé au front, l'air superbe dans la rigidité de la mort...

On ne trouve, sur ces pauvres corps, ni armes, ni bijoux, ni argent...

On les aligne sur la terre nue... puis on les couche dans une longue tranchée après avoir, autant que possible, relevé leurs noms.

C'est près de la briqueterie, là, à gauche, dans un coin de champ. Au bout du chemin est la redoute de Montretout. Nous voulons aller de ce côté, — car c'est la route pour arriver au parc de Béarn; — des fusils s'allongent sur l'épaulement. On nous empêche d'avancer. Nous rejoignons le gros de la troupe. C'est là qu'on me dit : « Henri Regnault est tué. »

Il faut rentrer, c'est l'ordre. Je ne puis cependant revenir à Paris ainsi. Il faut que je cherche, que je trouve; il faut que j'aille au château de Béarn. J'obtiens qu'on me laisse poursuivre l'aventure à mes risques et périls. On me confie un fourgon bien attelé et bien conduit, que je devrai rendre, le soir, au dépôt du palais de l'Industrie; je monte avec le lieutenant, à côté du cocher et nous voilà partis à fond de train, redescendant les pentes qui doivent nous conduire au bord de la Seine.

La course est violente, hérissée d'obstacles. Par instant, la route est coupée par une tranchée que les chevaux franchissent comme emportés, nous secouant d'un rude cahot.

Enfin, nous roulons sur la terre unie, nous sommes à peu de distance du château de Béarn; le crépuscule vient, nous aurons encore pourtant assez de jour pour retrouver le corps, le reprendre à la place où le lieutenant est absolument sûr de l'avoir déposé.

Déjà cependant le cocher bougonne. Ce n'est pas prudent d'aller comme ça, en terrain ennemi. On peut tirer sur nous ! Il insiste pour rentrer ; nous insistons pour qu'il marche. Pour le rassurer, nous mettons pied à terre ; nous déployons le drapeau blanc et nous cheminons d'un pas rapide en avant de la voiture.

Deux cavaliers passent. L'un, très grand, en uniforme blanc, suivi d'un officier d'ordonnance. Ils ne s'arrêtent pas, ne s'étonnent pas. Le plus grand, à la vue de ce fourgon précédé du drapeau d'ambulance, touche la visière de sa casquette blanche. L'autre salue également. Je m'imagine reconnaître, dans le premier, les traits de Bismarck, ses gros yeux, sa moustache rude. Illusion sans doute !

Nous avançons encore, les grands coteaux s'enveloppent de brume et, dans le ciel, au-dessus de la Seine, voici que de légers flocons de fumée s'arrondissent ; le feu recommence d'une rive à l'autre ; c'est la fin de l'armistice.

Cette fois, il n'y a plus moyen de raisonner le cocher. Il veut retourner, dit-il ; nous laisser là si nous persistons ; il répond de sa voiture, de ses chevaux ; il ne se soucie pas, d'ailleurs, de risquer sa peau !

Il faut donc nous résigner. Il faut que je dise chez moi ce qui s'est passé ; que je laisse le petit soldat sous les arbres du parc jusqu'à ce que nous puissions revenir ! Et quand le pourrons-nous maintenant ? quand ! Il est nuit noire quand nous rentrons au palais de l'Industrie pour le remisage de notre fourgon.

Je garde de cette journée comme une vision de rêve. L'impression profonde me reste de ce calme morne de la plaine et des hommes tombant encore là-bas peut-être sans savoir d'où leur vient la mort. Et le souvenir des héroïques mêlées s'évoque, des combats corps à corps.

OEil pour œil, dent pour dent, c'est bien ! Homme contre homme !

On regarde vers les bois où s'allument, à intervalles égaux, mathématiquement, des éclairs roses suivis de puissantes détonations :

« Ils sont là-bas ! » Voilà donc la guerre à présent.

Je cherche dans la nuit le cavalier fantôme des légendes, débusquant les monstres.

Et la jeune et chevaleresque figure du général Marceau m'apparaît, chevauchant avec rage, à travers ce champ de bataille vide et criant dans la nuit :

« — Ceux-là ne sont plus des soldats ! »

**

24 janvier. — On s'est battu avant-hier, devant l'Hôtel de Ville. — C'est la guerre intestine. — Nous n'avions pas besoin de cela devant le Prussien, qui a repris le bombardement et qui, hier, a couvert d'obus les quartiers du Val-de-Grâce, du Luxembourg, des Invalides, du Panthéon et de Montrouge, en même temps qu'il exécutait autour de Paris des mouvements qui ne présageaient rien de bon.

Pourquoi donc s'est-on battu ? On ne peut nous le dire précisément. Des gardes nationaux prétendent qu'un mouvement populaire s'est fait contre le gouvernement de la Défense, auquel on voudrait substituer des gens plus énergiques, tels que Flourens et Blanqui. On blague Trochu et son plan, car il avait fait un plan pour nous débloquer ; il l'a même déposé chez un notaire ! Et les commentaires et les lazzi d'aller leur train ! Le pauvre général est complètement démonétisé !

Hier, toutefois, il a encore eu raison de l'émeute. Les mobiles du Finistère ont fusillé les assaillants de l'Hôtel de Ville ; on a tué des hommes, une femme !

Tout cela reste vague, et nous laisse presque froids dans notre grande maison close. Nous sentons les événements surtout dans leurs conséquences. Il y a plus de quatre mois que le siège dure ; il y en a plus d'un que le bombardement est commencé. Nos administrés, vieilles femmes, réfugiés de Bicêtre, pâtissent et meurent. Depuis le 15 janvier la ration de viande de cheval n'est plus que de trente grammes, la ration de pain de trois cents grammes. Et quel pain ? De l'avoine, de l'orge, du sable, un mélange amer !

Le général Trochu a fait en ces derniers jours une proclamation affichée dans tout Paris. Il a dit : « Le Gouverneur de Paris ne capitulera pas ! »

En effet, le Gouverneur ne capitulera pas, ce sera un autre qui capitulera à sa place, voilà tout ! Il va être remplacé nous ne savons par qui. Ce nouveau venu fera la besogne navrante et un grand mot ronflant de plus aura été prononcé ! C'est une haute comédie, qui achève de porter dans les esprits les plus calmes la plus vive surexcitation.

Nous avons eu aujourd'hui la visite de l'Agent général, comme on dit à présent, — avant on disait

Directeur général, — le nom ne fait rien à la chose, la fonction restant la même. C'est M. Michel Möring. Sa physionomie est bienveillante, son regard et sa parole ont de l'autorité. Il parle bien. Avec sa casquette américaine au bandeau blanc à croix rouge, son teint bronzé, ses favoris, sa grande allure, sa belle aisance, il nous fait l'effet d'un officier de marine.

Notre directeur intérimaire, Léon Le Bas, me présente à lui et ne craint pas de lui dire que je fais de la poésie et du théâtre. Je ne suis pas à la Salpêtrière pour cela, en vérité! Pourquoi cette confidence? Pourtant la figure de l'agent général ne se rembrunit pas, au contraire, à cette déclaration qu'un administrateur de vieille roche n'eût pas accueillie sans froncer le sourcil.

Il avoue même, avec un bon sourire, que lui-même, à l'occasion, ne craint pas d'aligner quelques rimes. Bon cela, et à noter pour l'avenir.

Cette rencontre évoque en moi le souvenir d'ailleurs tout récent du prédécesseur de M. Michel Möring. C'était M. Armand Husson, directeur général sévère, travailleur infatigable. Il fut, dit-on, de ce groupe de Saint-Simoniens qui, naguère, sur les hauteurs de Ménilmontant, vivaient en communauté. Tous ont brillamment réussi. M. Husson est membre de l'Institut. Il a produit, étant attaché à la préfecture de la Seine, un gros volume sur les consommations de Paris, et à l'Assistance publique une *Étude sur les Hôpitaux*.

Il a eu pour ce travail de nombreux collaborateurs, dont le principal fut Jules Varnier, ami de la pléiade romantique, rédacteur de *l'Artiste*, auteur d'un volume de vers : *l'Oasis*, peintre médaillé au Salon, et finalement employé à l'Assistance publique.

Malgré le voisinage administratif d'un homme ayant de tels antécédents, M. Husson n'est pas très tendre aux littérateurs de pure imagination. En revanche, il est très amateur de calligraphie et fait une guerre impitoyable aux jeunes expéditionnaires qui n'écrivent pas soigneusement.

Comme on lui parlait, il y a quelques mois, d'un des employés de ses bureaux qui donne quelquefois des articles et des poésies à un petit journal de théâtre :

— Ah! a-t-il dit; au lieu de faire des vers, ce monsieur ferait bien mieux de boucler ses *R !*

*
* *

La littérature! c'est la grande ennemie et aussi la grande favorite. Beaucoup l'aiment, qui s'en cachent pour ne pas nuire à leur avancement. Et je sais déjà des chefs qui avouent, quand ils sont en veine d'expansion, quelques péchés littéraires.

Jules Varnier, dont j'ai écrit le nom tout à l'heure, était des plus zélés à la condamner, cette pauvre littérature, qui ne lui avait fait que du bien, car, sans elle peut-être il ne serait pas arrivé à la situation qu'il occupait. Il était sans doute de cet avis très classique, qu'elle mène à tout à la condition qu'on la quitte.

Que de fois il m'a poursuivi de ses taquineries à cet égard ! Au fond, il n'y mettait point de malice et s'amusait.

J'avais publié un roman, mon premier roman, dans un journal illustré. Et comme un grave directeur sous ses ordres lui en disait du bien, pour lui être agréable, et qu'avec sa bonhomie dauphinoise ironique, il répliquait : « Laissez donc, ça ne vaut pas grand'chose ! » son interlocuteur de repartir avec une noble indulgence :

— Mais si, mais si ; je vous assure, monsieur, que ce n'est pas mal, — pour un expéditionnaire !

Nous rions de tout cela, maintenant ; nous nous souvenons de ces choses gaies durant nos heures graves.

Et notre mémoire nous reporte à quatre ou cinq années, alors que nous commencions à être pris de la fièvre littéraire et qu'elle nous arrivait par accès au milieu de l'accomplissement de nos devoirs hospitaliers.

Et comme on les remplissait mieux pourtant, ces

devoirs, et avec d'autant plus de zèle qu'on avait cet écart à se faire pardonner! Au lieu de la besogne mécanique, froidement accomplie, de l'employé qui ne se soucie que de chiffres alignés et de formules bien libellées et s'en va, la journée finie, comme un manœuvre, on mettait quelque coquetterie à s'intéresser aux choses du bureau, à les faire vite et bien. Après cela, on courait vers la Muse tentatrice, on la suivait où il lui plaisait d'entraîner son serviteur.

Un petit journal, *le Gringoire*, avait été fondé par l'un des nôtres : Félix Jahyer, sous la direction d'un jeune homme promis à la magistrature ou aux fonctions ministérielles, Aimé Foucault. Et tous nous nous étions précipités vers cette porte ouverte à nos ambitions.

Le Gringoire était séduisant. Il se présentait orné d'une belle vignette, dessin de Jean Aubert, gravé par Octave Jahyer, artiste de l'Odéon, auteur de la vignette du *Figaro* et premier collaborateur de Gustave Doré, dont il grava le *Juif Errant*.

Le bon Gringoire, le poète famélique et charmant des carrefours parisiens, mis en scène par Hugo, était là représenté, assis, appuyé contre un arbre, regardant Paris. A ses pieds, se déroulait le manuscrit de ses « Mystères » et se lisait la devise : *Raison partout.*

Pauvre *Gringoire!* Il vécut environ un an, ce qui, en son temps, était un âge respectable pour une feuille environnée de tant de périls.

La chronique y fut faite successivement par Félix Jahyer, Ambroise Lassimonie et moi-même. Les nouvelles y furent signées Léonard Bouilly, un de nos collègues, Jehan Frollo, au Palais, l'avocat Couteau, Alexandre de Stamir, Bab, de Villiers, Philippe Desclée, frère de l'artiste du Gymnase, Augustin Cabat, fils du peintre, encore un de la magistrature. On y lut des poésies d'Édouard Blau, de Théodore Véron et d'Eugène Vermesch, aujourd'hui lancé dans le journalisme politique, des critiques d'art de Jahyer, qui en tira en 1866 un volume de trois cents pages, un courrier du Palais signé Charmolue, c'est-à-dire Ernest Camescasse, à qui ses amis ont prédit qu'il mourrait dans la peau d'un fonctionnaire, une revue dramatique de Léonard Bouilly et d'Édouard Montagne.

C'était peu dans le grand torrent littéraire et c'était beaucoup pourtant aux yeux de certains, car, un jour, on fit venir à l'administration les rédacteurs du *Gringoire* et gravement, on leur dit :

— Messieurs, il faut renoncer à votre emploi ou briser votre plume.

Et tous unanimement de répondre au bon M. de Cambray, alors secrétaire général :

— Nous n'hésitons pas! Nous brisons notre plume!

Et le lendemain, ils écrivaient sous des pseudonymes!

Je fus de ceux qui ne recoururent point à cette fiction. D'ailleurs, la disparition du *Gringoire* m'ôta la tentation d'y recourir. Très probablement je n'y eusse point cédé, ayant toujours pensé qu'il faut aimer les lettres, sans rougir de cette inclination et sans s'en cacher, étant donné qu'elle n'est point honteuse, au contraire. Je les aime de toute ma force ; elles me rendent plus cher et plus sacré mon devoir professionnel.

Notre secrétaire général, M. de Cambray en a le respect et la peur.

Édouard Montagne, me raconte-t-on, l'a quelque peu ému en une récente circonstance.

— Vous faites non seulement du journalisme, monsieur, mais encore du théâtre, du vaudeville! lui disait avec un accent de douloureux reproche ce haut fonctionnaire. C'est inadmissible! Si du moins vous travailliez pour la Comédie-Française !...

Alors, Montagne, très grave :

— Eh! monsieur le secrétaire général, je ne demande pas mieux! Si seulement vous vouliez bien m'en faciliter le moyen...

Alors, M. de Cambray, tremblant d'une sainte épouvante :

— Moi ! Ah ! surtout, n'allez pas dire, monsieur, n'allez pas dire que je vous encourage à écrire pour les Français !

Le pauvre homme n'en revenait pas ! Il a dû se remettre lentement de cette émotion.

Aujourd'hui, il est loin de nous. Le flot de la République l'a emporté à tout jamais.

Ainsi, nous remontons le cours des années si récentes et qui nous semblent si lointaines. Cette guerre, le siège surtout, a dressé devant nous comme une très haute montagne qui nous sépare de notre vie antérieure.

31 janvier. — C'est fini ! Après une nouvelle tentative de révolte de la garde nationale, dont quelques chefs voulaient prendre d'énergiques mesures pour la résistance quand même, Bismarck et Jules Favre, ministre des Affaires étrangères, muni des pleins pouvoirs du gouvernement de la Défense, se sont réunis et mis d'accord. Hier, une convention a été signée entre eux. Un armistice général de vingt et un jours est proclamé. Paris sera ravitaillé. Une assemblée nationale sera librement élue ; elle se prononcera sur la question de savoir si la guerre doit être continuée, ou à quelle condition la paix doit être faite. Cette assemblée se réunira à Bordeaux.

On désarmera, en attendant, les forts et l'enceinte. Paris paiera une contribution municipale de deux cents millions, avant le quinzième jour de l'armistice. Un service postal pour les lettres non cachetées sera organisé entre Paris et les départements par l'intermédiaire du quartier général de Versailles.

Toutes ces stipulations nous frappent comme autant de coups secs et rapides, nous martelant le cerveau.

C'est le raffinement du supplice, avant l'étranglement final.

Un voile de tristesse est sur Paris.

Le pain frais. Comment nous avons mangé. — Ce matin, à déjeuner, nous avons eu des œufs frais, du beurre frais, du pain frais. Un régal qui serait une joie si nous ne pensions à ce qu'il nous coûte d'humiliations. Les portes de Paris sont encombrées d'innombrables voitures de ravitaillement; c'est à qui entrera le premier de ces maraîchers ou de ces approvisionneurs qui attendaient impatiemment l'armistice pour venir regarnir les marchés de la ville. A l'intérieur, des provisions qu'on ne soupçonnait pas sortent de tous côtés et s'étalent aux vitrines des restaurants et des magasins.

Le pain, le bon pain blanc, avec sa bonne odeur chaude et sa croûte vernie d'or, c'est lui surtout que l'on fête, car rien ne le remplaçait, même sur la table des favorisés qui avaient des réserves ou pour qui les restaurateurs s'ingéniaient à inventer des mets inédits et bizarres ou à découvrir des trésors cachés.

Qu'avons-nous mangé pendant ces longues semaines d'investissement, depuis la fin de l'automne où la disette commença? Aujourd'hui, bien que tristes des événements récents et des deuils, soucieux du sombre avenir, nous n'avons pu nous empêcher de sourire en nous rappelant nos chasses et nos quêtes souvent infructueuses, et nos inventions gastronomiques.

Toute la population hospitalière a été pourtant très favorisée, en cette période de dures épreuves. Il y avait des milliers de bouches à nourrir à la Salpêtrière. Les pauvres vieilles ont eu du riz et encore du riz; c'était le fond de leur régime. A cela s'ajoutaient un peu de viande, des salaisons, des légumes de conserve, des légumes secs, parfois des légumes frais, aubaine rare due aux courageuses expéditions de Lafabrègue, directeur de l'approvisionnement des hôpitaux, qui dirigeait ses hommes jusque sous le feu de l'ennemi, pour aller razzier les légumes de la plaine vers Aubervilliers.

Nous avons eu, moyennant finance, notre part de

ces diverses ressources; l'administration, en nous autorisant à nous fournir dans l'établissement même, nous a assuré le bienfait d'une précieuse indépendance : point d'obligation d'aller faire queue aux portes des boucheries et des boulangeries, mais rigoureuse application du rationnement. Pas un gramme de pain ou de viande de plus que le Parisien ordinaire! Aussi, a-t-il fallu courir pour trouver à certains jours de quoi ne pas jeûner absolument, de quoi nourrir strictement la famille, une domestique, parfois un ou deux amis qui venaient s'asseoir à notre table, comme aux jours anciens des réunions familières, augmentant parfois le menu de quelque trouvaille faite au cours d'une flânerie dans Paris.

C'est ainsi que nous avons pu manger une omelette, une magnifique omelette, ayant du moins toutes les apparences d'une omelette faite d'œufs véritables, chaude, appétissante et dorée, invitante à l'œil enfin, ce qui est bien quelque chose. Quant au goût... Elle était faite, cette fameuse omelette, avec le contenu d'un bocal découvert par le capitaine Hippolyte. Le contenu, invention nouvelle, était tout simplement de l'albumine, avec je ne sais quel autre ingrédient. Étendu d'eau, cela montait, cela moussait, battu dans un saladier comme blancs d'œufs authentiques; mais c'était d'un aspect savonneux et désagréable et nous promettait une omelette blanche

8.

comme du pain azyme, quand, pour corriger cette blancheur, je me suis avisé d'y faire ajouter deux pincées de safran en poudre. Traité de la sorte, l'objet est apparu sur la table sous la figure d'une honnête omelette jaune, plus jaune même que nature! On l'a expédiée religieusement, sans illusion; quelques plaisanteries l'ont assaisonnée : elle en avait grand besoin.

Une autre fois, Henry Varnier est arrivé d'un air mystérieux :

— As-tu du jambon?

J'avais du jambon, une petite bande de jambon, ma ration du jour, mince, brune et sèche.

Alors, Henry a tiré de la poche de son pardessus une trentaine de petits oignons, si jolis à nos yeux déshabitués, avec leur fine robe de soie rosée, leur renflement gracieux et le petit appendice de leur racine sèche, tordue comme une mignonne queue de souris! Les gentils petits bulbes, revus avec tant de plaisir comme d'anciennes connaissances, ont été dépouillés, échaudés, triturés! — Et ce jour-là, nous avons mis orgueilleusement sur le menu : « Jambon à la Soubise ».

Moi, je compte parmi mes précieuses trouvailles celle d'une petite carotte ramassée un jour de promenade à la redoute des Hautes-Bruyères, dans les cultures maraîchères de l'hospice de Bicêtre. Elle était là, montrant son nez, sous une motte de gazon. Je l'ai prise, j'ai cherché si elle avait sa pareille aux alentours : elle était seule de son espèce : je l'ai soigneusement serrée dans mon sac et l'ai rapportée avec quelque fierté à la maison.

Elle était du reste dure, ligneuse, à demi gelée; on ne l'a pas moins regardée avec attendrissement et débitée en quatre parts pour l'ajouter au maigre bouillon du jour.

Comme les moindres détails ont pris en ces jours sombres de l'importance pour nous! Comme les moindres faits nous ont frappés d'un coup dont la trace me semble maintenant ineffaçable : la puérilité de ces choses, l'attention presque ridicule que j'y attache me semblent aujourd'hui tout à fait naturelles. Renfermé pendant des mois dans cette immense prison que nous fut Paris, nous avons été comme des reclus pour qui le vol d'une mouche, la chute d'un fragment de plâtras, une toile d'araignée tout à coup aperçue deviennent événements d'importance.

La préparation du riz n'a plus de secrets pour nous. On l'a mangé bouilli, grillé, pilé, en pâte, en beignets, en gâteaux, au sucre, au sel, au poivre, au chocolat et en salade. On l'a pris en horreur.

Les légumes en boîte ont été un mets de luxe. J'ai fait des envieux avec une conserve de deux kilogrammes de haricots verts; ils ont été, l'autre mois, le plat merveilleux d'un dîner de famille, chez nos parents de la rue de Cléry.

La pomme de terre a fini par nous apparaître comme sacrée. Nous l'avons préparée avec délicatesse, la dépouillant à regret de sa robe brune qui, en somme, est comestible, et nous l'avons mangée avec respect.

Il y a eu des disputes entre collègues pour des choux plus ou moins gros tombés dans notre lot du jour. On a accusé le porte-drapeau d'avoir guetté la charrette de l'Approvisionnement, de l'avoir suivie jusqu'à la cuisine générale et d'en avoir extrait pour sa part, égoïstement, arbitrairement, un chou énorme, colossal.

Il n'a pas voulu rapporter le chou à la masse. Et comme on n'était pas en uniforme, de simples fusiliers ont dit des injures à ce supérieur sans risquer le conseil de guerre, qui aurait d'ailleurs fort à faire s'il devait relever toutes les fautes commises même dans le service. L'intrigant a donc gardé son chou et les collègues en ont été pour leurs invectives.

Dans notre petit jardin qui borde les belles allées de tilleuls de la Hauteur, il y a toute une haie où grimpaient des haricots d'Espagne et des pois de senteur. Nous en avons cueilli les gousses ; elles ont été soigneusement écossées ; leur contenu nous a fait un plat de jolies fèves d'une couleur charmante et d'un goût fort acceptable. D'ailleurs, l'assaisonnement au poivre fait tout passer et le poivre n'est pas rare.

Quelques fruits, la provision des confitures de ménage, ont composé, à l'occasion, le dessert de nos minces repas.

Par exemple, nous avons eu du fromage ! De grandes roues de gruyère restaient dans les magasins de l'établissement. Alors que dans Paris le fromage est devenu une denrée de luxe, introuvable même à grand prix, on nous en a distribué de temps en temps une petite part, et il en reste.

J'ai appris à l'aimer, moi qui le détestais et qui, enfant, aurais eu des nausées rien qu'à en goûter une parcelle. Mais les camarades au rempart regardaient ma portion avec tant de convoitise ! J'ai commencé par la leur offrir et j'ai fait bien des jaloux. Puis j'ai réfléchi que cela devait être excellent, le gruyère ou le comté, puisque le commun des hommes s'en montrait si friand. Alors, l'égoïsme m'encourageant, j'ai commencé par faire subir au fromage une préparation spéciale. Piqué au bout d'un couteau, présenté au feu du fourneau ou du poêle, le fromage fond légèrement, se rissole et finalement fait une sorte de crème légèrement recouverte d'un gratinage roux.

Sous cette forme, j'ai trouvé excellent ce que je trouvais autrefois détestable.

Au naturel ou grillé, je l'aime maintenant jusqu'à la passion. C'est l'excès commun aux gens fraîchement convertis.

La viande de boucherie, distribuée aux Parisiens avec une parcimonie obligée, était devenue en ces dernières semaines de l'investissement à peu près introuvable. Bœuf, veau, mouton, porc, tendaient à devenir pour nous des bêtes fabuleuses.

Heureusement, il y avait le cheval. Le bon compagnon de l'homme, le palefroi des châtelains, le destrier des vieux hommes d'armes, le coursier que chantent les romances, le pur sang des jockeys, l'humble coco des cochers de fiacre, ont fini par constituer une unique race : le cheval de boucherie; on a abattu en pleine force, en pleine fraîcheur de sang, les bêtes de réforme, et aussi toutes les nobles et braves bêtes que l'on ne pouvait plus nourrir. Et l'homme a fait de nouveau la conquête du cheval, mais d'une façon moins haute que l'entendait Buffon. Et, pendu aux crocs du boucher, dépecé à l'étal, il a donné une viande saine, que d'aucuns ne peuvent souffrir, qui est en réalité excellente et nous a rendu de précieux services.

L'âne, le mulet pourtant, nous ont paru supérieurs.

Une rouelle d'âne, un quartier de mulet ont été, plus d'une fois, reçus à table par un murmure de satisfaction et ont donné un rôti spécialement apprécié, quand le sujet qui le fournissait n'était pas quelque pauvre bourriquet meurtri de coups, chargé d'ans, ou quelque mulet éreinté.

Nous avons mangé de l'onagre, nous avons mangé du zèbre, viande de grand luxe que le Jardin des plantes, dit-on, a fourni, obligé de sacrifier ainsi plus d'un de ses autres hôtes, hécatombe qui coûtera cher au budget du Muséum.

Pour moi, mes études forcées sur l'alimentation animale se sont arrêtées au zèbre, au chat et, hélas! au chien! D'autres pourront dire et racontent déjà leurs impressions sur la viande du dromadaire ou des autres grands herbivores qu'on leur a présentés sur les tables opulentes. La curiosité a été, dans bien des cas, plus vive que le besoin. De même, on a mangé du rat, de cet affreux rat d'égout qui court dans les rigoles de la Salpêtrière, traînant après son corps à la fourrure rousse, comme fangeuse, une longue queue grasse, aux annelures grises et nues. On en a fait des pâtés. On a trouvé cela exquis! Voilà des choses auxquelles nous ne pouvons penser sans un haut-le-cœur. Les « horreurs du siège » ne nous apparaissent à tort ou à raison, ainsi considérées, que comme une grotesque pose et une fanfaronnade de dépravation.

Mais, gloire au chat! Le chat passé à l'état de comestible est un manger des dieux. Un camarade nous en a débité un, au secteur, dont notre estomac reconnaissant gardera longtemps mémoire. C'était un chat rôti à la broche, en bon point, de belle taille. Servi froid, la chair en était fine, d'une blancheur rosée de volaille, délicate, savoureuse, parfumée. En ces conditions, la bête est très supérieure au lapin, voire au lièvre. Elle fait comprendre, si elle ne les excuse, les larcins commis, au préjudice des mères Michel de Paris et du monde entier, la chasse donnée à leurs angoras favoris, toujours convenablement dodus et nourris de façon choisie et distinguée.

Ce déjeuner de zouave m'a mis en goût : férocement, j'ai suivi pendant plusieurs jours un beau chat dont j'avais remarqué les allées et venues et qui paraissait avoir pris gîte dans la tonnelle de notre jardin, ou dessus, car je le trouvais souvent pelotonné sur la vigne et parmi les aristoloches du treillage.

Souvent je l'avais tenu au bout de mon fusil ; toujours je l'avais épargné, le réservant en prévision de quelque heure de suprême disette. Il y a quelques jours j'ai appuyé sur son ventre, tandis qu'il dormait dans le fourré de la tonnelle, le canon de l'arme, un instant tourmenté du désir d'en finir avec mon futur rôti... J'ai résisté à la tentation. Sur un mouvement que j'ai fait, l'animal a bondi dans la haie voisine. Finalement, l'armistice l'a sauvé.

Le chien, je l'ai connu sous la forme de deux horribles côtelettes, payées très cher. C'est abominable, c'est dur, ça sent le poil mouillé !

Maintenant, voici que passent sur le boulevard de l'Hôpital de grands troupeaux de bœufs, des houles de moutons sautillants et bêlants, pareilles à une mer aux flots tourmentés.

Toute notre ménagerie du siège s'enfuit déjà là-bas comme dans un rêve : les grands animaux vont remplir les cases du Muséum ; — ce sera long. — Mais d'abord les chevaux vont repeupler les écuries, les ânes s'atteler aux charrettes des maraîchers, et les chats retourner avec sécurité aux gouttières, comme les chiens à leur niche et les ignobles rats à leurs rigoles puantes.

C'est la vie normale qui recommence, bonne ou mauvaise, avec ses attraits et ses vilenies.

Je suis allé dans Paris, où je me suis trop déshabitué d'aller. J'ai voulu voir la physionomie de la ville à ces premières heures qui nous ont rendu le blé à la place de l'orge, de l'avoine et de la terre qui formaient la dure galette des assiégés.

On a ouvert aujourd'hui les boulangeries plus tôt que de coutume. Dans l'étalage il y a le pain nouveau, à la place d'honneur, le petit pain blanc des jours prospères ; quelques-uns l'ont enrubanné comme un gâteau de Pâques ; à côté de lui, humblement, figure le pain noir, poussiéreux, plein de paille, que nous avions pour ration hier encore.

Il y a des gens qui regardent avec des plissements de paupières, comme s'ils allaient pleurer.

Cependant il a du bon, le pain blanc! Les ménagères n'iront plus, comme depuis deux mois, se morfondre à la porte des boulangeries, dispersées si souvent par les obus éclatant dans la neige, l'éclaboussant de rouge, tandis qu'on ramassait quelque pauvre petit, éventré, quelque bonne vieille, les membres fracassés.

Une crosse de fusil sonne sur le trottoir.

— Est-ce que c'est possible ! C'est donc fini ? Il va donc falloir leur ouvrir, à ces cochons ?

Et l'homme s'en va, avec un juron mâché furieusement, maudissant le pain blanc qui vient lui dire que, pour Paris, tout, en effet, est bien fini.

*   *

On se retrouve de loin en loin, comme des gens revenus d'un rêve. Et, ma foi ! tels les grognards, on commence à se raconter ses campagnes.

Depuis le bombardement, nous avions dit adieu aux séances de collaboration coupées de quelque tir au merle.

J'ai revu Blau. Il m'a raconté la fin de la fameuse

batterie de l'École polytechnique, peu à peu désagrégée.

« Quand les obus prussiens sont arrivés dans Paris, nous avons fait, rougissant de notre service par trop insignifiant, une pétition tendant à être envoyés dans les forts. On nous a répondu assez justement que ce n'était pas au moment où les forts étaient menacés, qu'on irait, pour le service de leur artillerie, remplacer les marins et les canonniers réguliers, par des volontaires très inexpérimentés.

» En ces derniers temps, du reste, la batterie dite de l'École polytechnique ne comprenait plus guère que des étrangers à cette école. On y avait puisé tous ceux qui en avaient fait partie pour les mettre aux poudrières, à l'électricité, à des services de tout genre, demandant quelques notions scientifiques...

» J'ai oublié, en parlant de la création de notre bataillon, de dire que nous n'avions pas abordé le rempart tout à fait à l'improviste, sans instruction primitive. On nous avait fait manœuvrer dans la cour de l'École: à notre tête était l'élève de première année, Pistor, un camarade dont nous étions très fiers. Il a été décoré à l'armée du Rhin. Parti en amateur, il a reçu cette récompense, pour avoir, à l'une des premières grandes batailles, encloué une mitrailleuse sous le feu de l'ennemi. Ce précoce héros nous a quittés, comme les autres, et la pièce l'*Alerte* n'a eu depuis d'autres servants que nous : des littérateurs et des artistes. Du reste, elle n'a pas pris la parole ; il est de plus en plus probable qu'elle ne la prendra jamais. »

* *
*

Il faut admirer les femmes ! Depuis l'investissement, depuis septembre, elles ont été superbes de calme, de dévouement, de souriant héroïsme, celles du peuple, les nôtres, au rempart, sous le feu du bombardement, devant le pain de paille et d'orge, dans les épreuves de toute sorte !

Un jour de ces dernières semaines, comme nous étions de garde à la porte de Châtillon, bravement elles voulaient sortir avec nous, nous entraîner vers l'ennemi, parce que quelqu'un avait dit que les Prussiens étaient venus en reconnaissance aux abords de Paris. Il a fallu un ordre supérieur et très impérieux pour calmer cette ardeur guerrière.

Celle qui partage ma vie me donne et donne aux miens, avec qui elle a voulu rester en ce Paris si longtemps séparé de la France, cet exemple sain et réconfortant de la résignation aux choses inévitables, de l'espérance ferme en un avenir plus lumineux.

* *

Février. — Des jours de plate tranquillité ont suivi l'armistice. Nous semblons oublier Paris. Un grand silence nous enveloppe. Les longues nuits hivernales, jusqu'ici zébrées de feu et troublées de grondements, sont redevenues profondes et calmes; dans le bleu-noir du ciel, quand il n'y a pas de lune, dans la sérénité froide des espaces, les étoiles pleurent paisiblement leurs larmes de lumière.

Dans le milieu de la journée, la besogne matinale expédiée, le déjeuner fini, je vais prendre ma récréation dans le laboratoire de mon ami Fermond. Les pipes succèdent aux pipes, et dans la fumée qui, emplissant bientôt la petite pièce, nous met dans un léger nuage, comme des dieux, les souvenirs ouvrent leurs ailes.

Il me raconte ses débuts comme interne à l'Hôtel-Dieu, sa vie laborieuse, les pommes de terre cuites dans le four de son poêle pendant des semaines, pour toute nourriture; l'eau fraîche puisée à la cruche, pour toute boisson, car son budget ne lui permettait le repas au restaurant et même à la salle de garde, qu'à titre exceptionnel; l'énergie joyeuse dans la lutte pour la vie, et le triomphe final, les diplômes conquis, l'avenir assuré, sereine leçon pour moi, donnée d'une voix douce et avec un clair regard d'enfant heureux.

Puis la musique arrive dans l'entretien. Il joue de la flûte, ce savant, mais il faut que sa distraction favorite tourne au profit de ses études. Alors, comme il s'occupe de recherches sur la forme des ondes sonores, il s'est fabriqué des flûtes de cristal ; il y souffle la fumée de sa pipe, puis il joue et il observe que la fumée affecte tout de suite la forme hélicoïdale ; il poursuit ses expériences, et il m'affirme que dans l'air tous les bruits harmoniques déterminent cette forme qu'irrévérencieusement je lui dis être tout bonnement celle d'un tire-bouchon ; que les bruits non musicaux au contraire s'y heurtent en désordre. La construction de l'oreille humaine est appropriée à cette disposition ; c'est pourquoi les gens qui ont le colimaçon de l'oreille bien fait ont une réceptivité particulière pour la musique; c'est pourquoi les chiens qui ont le colimaçon déprimé, hurlent à l'audition du concert le plus parfait. Les sons se brisent les uns sur les autres dans leur oreille, y créent une cacophonie douloureuse !

Moi, je veux bien ! je n'ai rien à opposer à ces théories de mon vieil ami ; je suis trop ignorant pour qu'elles éveillent en moi le moindre doute.

Ces entretiens me charment ; ils me sont un rafraîchissement après toutes les émotions de ces dernières semaines, après toutes ces après-midis de poussière, de chaleur, de froid, de neige et de fatigue !

Et voilà, de nouveau, *la Coupe du Roi de Thulé* qui fait évoluer notre esprit vers des choses purement artistiques. Mon bon savant se rappelle qu'il a concouru pour la composition de cet ouvrage. C'est un secret ! Il ne l'a pas dit même à ses plus proches ; — je devrais ne point l'écrire — mais si jamais quelqu'un lit ces notes, il y aura beau temps que le secret sera divulgué sans doute !

Et tout en bourrant une pipe, longue pipe blanche, dont la culotte blonde est soigneusement entretenue par des bains, épurateurs de la nicotine, dans une éprouvette d'alcool, le voilà me chantant à mi-voix le chœur des Sirènes ou la légende de Paddock, toutes paroles sur lesquelles se sont exercés et Bizet, et Massenet, et Guiraud, et le prince de Polignac, et aussi Eugène Diaz, qui, parmi tant d'autres, l'a emporté dans l'opinion des juges et que le public, arbitre suprême, jugera en dernier ressort, un jour, peut-être, quand nous serons sortis de cette tourmente qui vient d'ébranler jusqu'en ses fondements notre pauvre pays !

Il n'a point d'amertume, le bon Charles Fermond, d'être resté sur le carreau, en cette épreuve ; il n'a qu'un regret, tempéré de la fierté de s'être mesuré à des adversaires académiques ou à des professionnels ayant déjà fait leurs preuves. Et puis il éprouve cette jouissance d'avoir écrit des pages qu'il croit bonnes; qu'il aime comme on aime des enfants conçus dans la joie. Et n'est-ce pas là la pure et inaltérable satisfaction du créateur intellectuel, quelle que soit la valeur de sa création, qu'il soit un génie conscient de sa force ou un simple amateur inconscient de sa faiblesse?

* *

Hier, comme nous causions tranquillement, nous applaudissant de cette paix reconquise, malgré le prix qu'elle coûte, un drame horrible a tout à coup traversé notre quiétude.

Vers deux heures, nous rêvions dans notre nuage, quand une violente détonation nous a fait sursauter, ébranlant l'air autour de nous; une explosion d'obus tout au moins, et là, tout près.

Nous nous sommes regardés avec stupeur :

— Est-ce qu'*ils* recommencent?

Instinctivement, j'ai couru vers les jardins. Du côté de la section Rambuteau, un peu de fumée blanche montait encore dans l'air, et sur le chemin, une de nos infirmières, grande fille brune, aux traits convulsés, accourait vers moi, comme folle, avec des cris d'horreur!

— Ah! monsieur, monsieur, ils sont tous tués! tous tués!

Et elle s'enfuyait sans vouloir, sans pouvoir rien dire de plus.

Derrière elle, un serviteur venait, portant un képi où tenait encore une moitié de tête humaine, un profil pâle et sanglant, qu'il allait cacher à l'amphithéâtre.

Et voilà, sans plus, ce qui s'était passé. Il a fallu reconstituer le drame pour en rendre compte à l'administration. Le bombardement n'avait fait à la Salpêtrière qu'une victime ; une imprudence venait, en un instant, d'en faire six.

Ces jours derniers, Fribourg, sous-surveillant des ambulances, avait été chargé de rechercher, de faire extraire du sol et d'emmagasiner les obus entiers tombés dans le périmètre de l'établissement, lesquels devaient être envoyés à l'Arsenal.

Se disposant à vider, selon l'habitude, le seul projectile resté en sa possession, il avait chargé un jeune soldat convalescent, Zoro, de le porter dans une partie éloignée des jardins, afin de pouvoir opérer sans danger pour personne. Obligé de conduire quelques convalescents à l'état-major de la place, il avait très expressément recommandé alors à Zoro de ne rien faire avant son retour. Ce dernier n'a pas tenu compte de la recommandation;

avec l'aide de deux autres hommes, il a entrepris de décharger l'obus.

D'après les déclarations du seul survivant, Zoro se serait servi d'une clef anglaise, et le percuteur aurait été retiré sans difficulté. En maniant le projectile, la poudre, très sèche, se serait en partie répandue au dehors. Zoro aurait alors voulu poursuivre l'opération malgré les vives représentations de la surveillante du service Rambuteau, devant l'entrée duquel il s'était placé très imprudemment, à l'heure même où y arrivaient les visiteurs.

Le survivant, qui se nomme Chaumy, se disposait à aller chercher de l'eau pour noyer la poudre, quand l'explosion a eu lieu. Atteint d'une manière tout à fait foudroyante, il n'a pu se rendre compte de l'action de ses deux compagnons au moment de l'accident. Il est probable que c'est en frappant avec la clef anglaise soit sur le cône de l'obus pour essayer de le briser, soit sur la douille du percuteur pour tâcher de l'extraire, que Zoro aura provoqué la déflagration de quelques grains de poudre sèche, peut-être d'une parcelle de fulminate, déterminant ainsi l'explosion.

Les secours les plus prompts ont été donnés aux blessés, Chaumy, deux femmes, un enfant, par M. le docteur Cruveilher et par nos internes.

Tels sont, à peu près, les termes du procès-verbal que nous avons dû dresser aussitôt.

Quand je suis arrivé devant les marches du pavillon Rambuteau, des cris d'effroi retentissaient encore dans la foule des filles de service et des visiteurs. Dans la galerie, on avait déjà porté une infirmière, la jambe droite brisée. A côté d'elle, sa sœur, étrangère à l'établissement, gisait, le bras gauche fracassé, encore emprisonné dans l'étoffe de la manche, comme mâchée et toute rouge. Son jeune enfant avait le corps couvert de plaies et de contusions.

Et là, derrière une haie, on avait dérobé tout de suite aux regards le corps de Zoro et celui d'un autre soldat, Michel, tous deux tués par les éclats du projectile, l'un décapité absolument, l'autre la tête raclée d'un côté, enlevée, dont j'avais vu tout à l'heure l'horrible profil emporté par le garçon d'amphithéâtre, vision sinistre qui me hante et que je ne puis éloigner de mon esprit.

Et sous les vêtements souillés, déchirés, il m'a semblé que de ces deux troncs mutilés, la chair palpitait encore !

Le Figaro a, ce matin, raconté cette triste histoire, avec quelques détails qu'il a fallu rectifier. Nous lui avons envoyé une reproduction de notre procès-verbal officiel. La vérité est assez cruelle ; elle n'avait pas besoin d'amplification ni de commentaires.

* *

27 février. — Presque un mois écoulé dans une torpeur profonde: — nous attendions le coup! Il vient de nous atteindre. Les préliminaires de paix, dont lecture a été faite à l'assemblée de Bordeaux, promptement élue et réunie, ont été signés hier. La France perd l'Alsace et la Lorraine; elle paiera cinq milliards au roi de Prusse, — il faut dire maintenant « à l'empereur d'Allemagne », car le vieux Guillaume s'est fait couronner à Versailles, parmi les gloires et les souvenirs de Louis XIV, suprême ironie du vainqueur! — Enfin les Prussiens entreront dans Paris à des conditions particulières, assez restrictives pour qu'en notre détresse nous en tirions encore quelque satisfaction d'orgueil.

Oui, il est convenu qu'ils pourront entrer, mais pas au delà des Champs-Élysées. Ils verront Paris; ils ne le posséderont pas! Cette joie se mêle à la douleur publique : le vainqueur humilié dans sa victoire!

La grande image d'un César envahisseur domine toutefois la pensée : — on le voit colossal, chevauchant dans le rayonnement de son orgueil; un silence funèbre plane autour de lui. — Et comme dans les défilés macabres des vieux peintres, une image domine celle du dominateur; la mort grimace sur l'Arc de Triomphe; elle s'assied sur le trône, elle arrache brutalement le sceptre des mains impériales.

C'est là, peut-être, la vision qui obsède le César allemand, tandis qu'il s'avance, déjà chargé de jours, dans son morne triomphe, vers cette ville à demi morte et qui pourtant fléchit sans s'humilier.

*
* *

1er mars. — Ils sont entrés, comme il avait été dit. Je n'ai rien vu : personne autour de moi n'a rien vu de ce cruel spectacle. Ils ont fait leur parade victorieuse dans le désert des Champs-Élysées.

C'en est maintenant fait des illusions généreuses des derniers mois. Il faut déposer l'uniforme et rendre le fusil. Nous allons faire ainsi tout de suite, et reprendre notre vie d'hospitaliers, — méthodique et paisible.

Si la secousse est passée, les idées se heurtent encore dans le cerveau fortement ébranlé. Après le spectacle des choses, on songe à ce qu'on aurait dû faire, à ce que, sous une meilleure impulsion, on aurait fait...

C'est ainsi que maintenant, rendu aux devoirs professionnels et aussi aux travaux littéraires qui se partagent ma vie, je voudrais pouvoir exprimer, sous la forme légendaire la plus simple, la pensée du plus haut renoncement; je voudrais montrer la Patrie frappant à toutes les portes et touchant tous les cœurs; au milieu de cette tristesse profonde qui suit les grands sacrifices vainement accomplis, je voudrais faire luire un rayon précurseur de l'avenir, non point le fol espoir d'une vengeance prompte: celui d'un lent et noble relèvement, d'une revanche féconde; je voudrais rappeler cette éternelle loi des compensations de l'histoire qui fait des glorieux d'aujourd'hui les humbles de demain, recueillir les larmes de la mère pleurant son premier né, entrevoir son sourire quand tressaille en son flanc l'enfant qui sera l'homme des temps nouveaux... Un vers me vient, germe reçu au passage, porté par le Vent de l'Esprit, résultat de quelque lointaine impression oubliée, dont l'influence pourtant demeure:

> Laisse le temps passer et les chênes grandir!

C'est comme un refrain, une pensée obsédante; il y faudrait rattacher quelque vivant poème... Le titre se formule, grandit lumineusement: *Patria! Patria!*

Il sera comme le reflet de nos émotions de chaque heure, il n'y sera question ni de Prussiens ni de Français! Qu'importe le nom des acteurs de ce

drame sanglant qui s'appelle la Guerre et l'Invasion !
Il ne faut que dégager des faits présents leur philosophie éternelle !

* *

Tous ceux du bataillon n'ont pas désarmé comme nous, — c'est dommage ! Et il y a comme une vague menace dans cette obstination à garder un fusil qui ne doit plus servir contre l'envahisseur.

* *

Mars. — Nous coordonnons les notions relatives à ce qui s'est passé. Peu à peu, d'autre part, les renseignements nous arrivent touchant des amis, des camarades perdus de vue et dont, depuis longtemps, nous n'avons plus eu de nouvelles.

D'abord, nous avons fait l'inventaire des obus prussiens reçus un peu partout. Il en manque évidemment, car un certain nombre ont plongé dans la terre molle, sous les gazons, et y resteront pendant des années.

Et dans un siècle ou deux peut-être, en faisant quelque fouille, on découvrira quelques-uns de ces projectiles, on épiloguera sur leur provenance, sur leur origine, comme lorsque aujourd'hui nous retrouvons dans le sol un boulet de pierre ou de fer et que nous cherchons à rattacher notre trouvaille à une époque ou à un fait. On peut publier, en de telles occasions, un de ces mémoires ingénieux qui ne font de mal à personne et donnent tant de plaisir à ceux qui les rédigent !

Nous savons, par notre relevé, que du 8 au 24 janvier, trente et un obus sont venus mettre leur paraphe sur nos murailles ou fouiller nos jardins. Il y en a eu deux dans la cour d'honneur, un aux ateliers, un au bâtiment Mazarin, celui-là a été meurtrier, un au bâtiment des prêtres, un au marché, un à l'église, un dans la cour de l'église, trois aux ambulances militaires de la Hauteur, six dans le jardin maraîcher, un à l'asile de la rue Jenner, où sont les vieillards réfugiés de Bicêtre, deux à la cuisine générale, huit à la section Rambuteau, deux à Esquirol, deux à Pinel.

Oh ! nos comptes sont en règle. Nous ne faisons pas tort aux Prussiens d'un seul des obus que nous leur devons et que nous serions contents de leur rendre le plus tôt possible.

Chaque quartier a eu le sien : l'église, les ambulances et l'asile des aliénés, — dix pour son compte, — n'ont pas été dispensés de la distribution. Et cette constatation renouvelle mes impressions d'il y a à peu près deux mois.

Les Prussiens avaient commencé à nous bombarder dans la soirée du 8 janvier. Je dis « nous »; c'est peut-être un mot d'égoïste; car si nous avions été tranquilles jusqu'à cette date, les « autres », ceux qui habitaient dans la zone la plus voisine des batteries de l'ennemi avaient déjà reçu un fort contingent de projectiles. C'était notre tour — équitablement.

J'avais calculé pourtant nos chances d'échapper au bombardement. Toutes les batteries des assiégeants étant à une distance selon moi, considérable du point représenté par la Salpêtrière, je m'imaginais que les projectiles ne viendraient pas nous déranger ou ne viendraient qu'exceptionnellement. L'événement avait bien renversé mes calculs. Démentant mon plan ingénieux dressé sur un décalque du plan de Paris, et mes cercles concentriques d'évaluation tracés de kilomètre en kilomètre, le feu nous avait largement atteints. La gueule des canons Krupp hurlait au loin et crachait son fer parfois bien au delà de nous. Mais Paris n'était encore frappé qu'à la ceinture : le cœur n'était pas atteint et heureusement ne devait pas l'être.

Les miens en sûreté au centre de la ville, j'avais respiré sans angoisse dans le va-et-vient du jour. Et peu à peu la Salpêtrière avait repris son allure monotone, à cette musique heureusement intermittente des obus chantant dans l'air. On les entendait venir de très loin, surtout la nuit. On levait la tête, on écoutait. Une explosion plus ou moins proche dans les jardins, quelques secondes après, disait que c'en était toujours un de passé sans avoir fait de mal à personne.

Aux heures du service hospitalier, la physionomie des vastes cours poudrées de neige, miroitantes de gelée, était des plus curieuses.

Ma mémoire évoque ce tableau dans ses plus minutieux détails. En ces espaces communément déserts, les garçons et les filles de service passent sans hâte, portant leurs paquets de linge ou leurs seaux de soupe. Les uns vont leur chemin sans s'arrêter, du pas coutumier. Parfois les détonations précipitées troublent leur calme ; l'instinct de la conservation est plus fort que l'habitude déjà prise de ce danger permanent.

L'obus vient, siffle, gronde et passe très bas, avec une forte trépidation de l'air. Et posant marmites et paquets on s'aplatit sur la terre glacée, comme en adoration devant quelque puissance invisible, dont le souffle est dans la nue.

Durant les premiers jours, le bombardement n'a fait aucun mal à tout ce monde qui va et vient, pour l'humble devoir à remplir. Par contre, je l'ai noté déjà, une bonne vieille du bâtiment Mazarin a été éventrée dans son lit par un obus, en pleine nuit. Elle se nommait Lebailly. Autour d'elle aucune autre atteinte. On a réuni les débris de ce pauvre corps, enlevé le lit brisé, lavé le sol rouge, et au matin, j'ai trouvé dans une cour derrière la chapelle, des plâtras, des éclats de bois, des fragments de linge éclaboussés de sang, balayés là, en un petit tas, pêle-mêle avec les fragments de l'obus où tenaient encore quelques cheveux gris.

Combien de victimes auraient pu s'ajouter à celle-là. Ce fut, pendant des jours qui semblèrent bien longs la seule préoccupation de cette population que rien jusqu'alors n'avait profondément troublée, ni les batailles autour de Paris, ni l'émeute avortée d'octobre qui a fait tirer quelques coups de fusil, ni la capitulation de Metz. Pour mieux dire, elle n'a rien vu exactement de tous ces événements : le temps s'est passé, peut-on dire, en soucis de ménage, car les vivres ont été de plus en plus parcimonieusement distribués, et par-dessus cela, il a fallu avoir souci de sa guenille humaine.

Maintenant, notre compte personnel établi, nous nous sommes renseignés sur ce qui s'est passé autour de nous, pas très loin ; nous avons interrogé le voisinage immédiat de notre ruche. La Pitié a beaucoup plus souffert que nous, le premier soir : trois femmes y ont été tuées ou blessées. Les serres du Muséum sont détruites ou profondément bouleversées. Adieu les grands arbres empanachés de palmes, et les végétations paradisiaques, et les fleurs étranges, jardin merveilleux dans lequel on n'entrait qu'avec une sorte de crainte religieuse, et où l'on respirait tout à coup une autre atmosphère charmante et inquiétante à la fois.

Les arceaux de fer tordus, les vitres brisées, cela se refait vite. Les plantes admirables, qui les refera? Le temps, la terre! Et cela ne suffira pas encore. Il faudra l'audace des voyageurs, leur amour de la nature, leur curiosité ingénieuse de savants, pour combler les trouées de la bombe et renouveler ces collections, sans espoir de leur rendre leurs richesses anciennes.

On nous dit que plus loin, au Val-de-Grâce, deux blessés ont été tués dans leur lit. Le Musée du Luxembourg a reçu une vingtaine d'obus. Aux Enfants-Malades, il en y a eu cinq dans la première nuit. Les petits malades n'en ont pas souffert.

Selon le mot charmant du Prussien, jusqu'à l'armistice, Paris « a cuit dans son jus ».

* *

Nos médecins ont, dès le premier moment, écrit à l'amiral de Chaillé, en sa qualité de chef du neu-

vième secteur. Ils demandaient que la neutralité de
l'établissement fût sauvegardée. J'ai la copie de leur
lettre; je la glisse dans ces pages. Je l'y veux garder
comme un monument de notre bonne foi et de
notre généreuse naïveté en présence d'un inexorable
ennemi :

« La Salpêtrière est un hospice où sont recueillis
en temps ordinaire :

» 1° Plus de trois mille femmes âgées ou infirmes;

» 2° Quinze cents femmes aliénées et, par surcroît,
en ce moment de suprême douleur, les populations
réfugiées des asiles d'Ivry et trois cents de nos
blessés. C'est là une réunion de toutes les souffrances, qui appelle et commande le respect. Mais
l'ennemi qui nous combat aujourd'hui ne respecte
rien.

» Dans la nuit du dimanche à lundi, il a pris pour
point de mire les hôpitaux de la rive gauche, la
Salpêtrière, les Enfants-Malades, le Val-de-Grâce et
la Cabane d'ambulance. A la Salpêtrière, nous
avons reçu plus de quinze obus. (Ce chiffre devait
doubler.)

» Or, notre dôme très élevé est surmonté du drapeau international; il en est de même du dôme du
Val-de-Grâce. C'est un acte monstrueux contre
lequel protestent les médecins soussignés et qu'il

faut signaler à l'indignation de ce siècle et à celle des générations futures.

> » Les docteurs : CRUVEILHIER, CHARCOT, LUYS, A. VOISIN, BAILLARGER, TRÉLAT, J. MOREAU DE TOURS, médecins de la Salpêtrière ; FERMOND, pharmacien en chef. »

Des mots ! des mots ! hélas ! une tirade perdue. On nous bombarbait en pleine nuit. Notre dôme avait beau être « très élevé » comme celui du Val-de-Grâce, les Prussiens pouvaient-ils le voir, l'eussent-ils voulu ? Leur calcul pour le pointage des pièces de siège ne se serait pas attardé d'ailleurs à tant de précision.

Je remarque que le docteur Vulpian n'a pas signé cette protestation. Peut-être était-il absent ? Peut-être son esprit simple et d'une bonhomie ironique l'a-t-il engagé à s'abstenir d'un acte inutilement sentimental ?

* * *

Un brave et charmant garçon, Louis Delorme, longtemps perdu de vue, vient ajouter une page au chapitre des observations de divers témoins des événements que j'ai maintenant le loisir de rassembler.

Tandis que nous faisions notre service dans Paris il était au fort de Vanves et, au retour, il me dit ses impressions :

« Toutes les semaines, à l'appel de midi, on nous lisait l'ordre suivant :

» Au premier obus qui tombera dans le fort, les
» casernes seront immédiatement évacuées et les
» hommes prendront possession des casemates qui
» leur ont été assignées. »

» Eh bien, il est tout de même arrivé, ce premier obus que nous commencions à blaguer, trouvant qu'il se faisait beaucoup attendre. Il a été suivi de près par un grand nombre d'autres, et, depuis le 5 janvier, cette averse n'a cessé ni jour, ni nuit, ne nous laissant aucun instant de répit. Les Prussiens, semble-t-il, en avaient une provision trop forte et voulaient s'en débarrasser au plus vite.

» Dans le premier moment, nous avons été surpris. C'était du très nouveau pour nous. Puis nous avons commencé à trouver le séjour des casemates monotones. Elles n'avaient pas été tout de suite prêtes à recevoir le premier obus tant annoncé et nous avions eu quelques camarades tués ou blessés par des projectiles qui entraient chez nous sans façon. Plus tard, nous avons été plus en sûreté, ayant fini par matelasser fortement le mur le plus menacé au moyen de sacs de terre. Alors l'obus ne produisait plus qu'un bruit sourd; et un petit nuage de poussière, nous disait seul sur quel point il venait de frapper.

» Notre terre, pour garnir les sacs du blindage, nous la prenions dans la casemate même, en fouillant le sol sur une profondeur d'un mètre au moins, tout en laissant intact de chaque côté, le long de la muraille, un trottoir large de cinquante centimètres.

» Cela donnait un singulier aspect à notre installation. Pour être assez pittoresque, elle n'en manquait pas moins de confortable. Jugez-en :

» La moitié des mobiles de la compagnie couchaient sur des paillasses alignées à droite et à gauche sur le fond même de la casemate. Les autres — j'étais de ces privilégiés, en ma qualité de fourrier — couchaient dans des hamacs suspendus dans le même ordre à trois mètres au-dessus des paillasses. Pour y arriver, il fallait d'abord monter sur le trottoir ménagé par nous le long de la muraille. Et ce n'était pas petite affaire. Une véritable gymnastique était nécessaire. Les maladroits faisaient assez souvent retourner, sens dessus dessous, le hamac qu'ils n'avaient pu escalader, et comme ces hamacs étaient en grosse toile et que les hommes y couchaient avec leurs souliers, ils étaient remplis de poussière tombant alors sur les paillasses alignées en dessous.

» Cela allait encore quand la paillasse n'était pas occupée ; si le titulaire était à sa place, vous devinez quelles aménités s'échangeaient ! L'aventure se renouvelait assez souvent. Heureux encore, l'homme du rez-de-chaussée, quand il en était quitte pour un peu de poussière dans les yeux ou dans la bouche, et ne recevait pas le fusil que le camarade d'en haut avait eu la précaution de placer d'abord dans son hamac.

» Quand nous n'étions de garde ni sur le rempart, ni à l'avancée, ni de piquet, ni de corvée, nous venions nous terrer dans ces casemates sous terre, comme des lapins, et nous trouvions le moyen d'y dormir à poings fermés, malgré le bruit du canon, l'épaisse atmosphère, et, ma foi, il faut bien le dire, malgré les parasites dont nous ne pouvions guère nous débarrasser, ayant perdu depuis longtemps l'habitude de nous dévêtir pour prendre un peu de repos. Et nous ne songions pas sans envie à nos frères, les bons Parisiens, qui, à deux pas de nous, pour ainsi dire, pouvaient chaque soir pousser le sybaritisme jusqu'à se déshabiller pour dormir dans un bon lit ! »

* *

Depuis longtemps aucune nouvelle de Laurent

Léon, qui est sous-chef d'orchestre à la Comédie-Française. Il est parti pour la Provence natale et engagé dans quelque corps franc. En revanche, je reçois presque coup sur coup deux lettres de son frère Paul. Celui-là, sergent-fourrier aux voltigeurs de la garde, a fait toute la campagne. Il est maintenant prisonnier à Dresde, d'où il date ses deux lettres, l'une du 12, l'autre du 24 février. Le jeune soldat déclame un peu, il exagère peut-être; il dit au moins tout ce qu'il a sur le cœur :

« Il y a longtemps que j'attendais le moment de vous écrire... J'étais loin de m'attendre que ma lettre vous serait transmise par les autorités prussiennes...

» Je pleure de rage, quand je pense qu'un César sexagénaire et amolli nous a plongé dans ces malheurs. Son digne acolyte, l'aventurier de Queretaro, a bien secondé ses desseins; j'ai pu juger par moi-même de l'ineptie et de la trahison de ce dernier, « Tel maître, tel valet », dit le proverbe. Et je vous prie de croire qu'il n'est pas faux !

» Bloqués depuis le 16 août autour de Metz, après la bataille de Gravelotte où nous avons perdu quarante-cinq mille hommes, nous avons souffert énormément : la faim, le feu... de l'ennemi qui était continuellement à craindre. Après avoir tenté de sortir de notre blocus plusieurs fois, nous n'avons jamais eu que des pertes ; notre dernière sortie s'est effectuée le 7 octobre; sous prétexte de faire du fourrage, on a mis la division de voltigeurs (de cinq mille) en face de vingt-cinq mille ennemis. Nous étions sans artillerie... Vu les forces supérieures et l'artillerie de l'ennemi, nous n'avons rien pris du tout... Douze cents Français... ont été tués (histoire de faire du fourrage. Mystère!...) J'ai été fortement contusionné par un éclat d'obus au-dessous du sein gauche; j'en ai été quitte pour quinze jours d'ambulance.

» Enfin, le 29 octobre, on nous a livrés; le négociant de Metz n'ayant plus rien à faire, était parti deux jours avant la livraison de la *marchandise*.

» Depuis, je suis prisonnier de guerre et interné à Dresde (Saxe). Je ne peux vous mettre si nous sommes bien ou mal ; mais moi, relativement aux autres, je suis bien, étant employé comme secrétaire français au bureau de ma compagnie.

» Vous autres aussi, vous devez avoir bien souffert pendant le siège; espérons qu'une paix honorable amènera la fin de ces calamités.

» P. LÉON,
» *Sergent-fourrier au 4ᵉ voltigeurs de la garde.*
» (Que Dieu confonde le Patron !) »

Cette légende de la trahison de Metz nous avait été dite. Voilà que les petits unissent leur voix à celle des grands accusateurs qui, à la fin d'octobre, dans les clubs et dans les journaux, en ont dénoncé l'auteur à l'indignation publique. Quelle triste page d'histoire !

*
* *

10 mars. — Maintenant qu'on peut sortir de Paris, il faut recommencer la reconnaissance vers Saint-Cloud, la triste exploration, arrêtée en janvier au surlendemain de Buzenval, par la reprise des hostilités : il faut tâcher de retrouver le corps de notre pauvre petit soldat Achille.

Sans doute, il a été enlevé du lieu où il tomba. Quelqu'un là-bas cependant doit pouvoir nous dire où il a été transporté et enseveli. Nous irons demain ou après-demain.

J'ai organisé l'expédition. Un grand fourgon de la Salpêtrière me sera prêté. Le cocher Beck, bon serviteur de l'établissement, qui est Lorrain et parle allemand, nous conduira. Mon grand ami Paul Ponsonnard m'accompagnera. Avec nous, nous prendrons le sergent-major Serrière, qui a recueilli Achille, au moment où il est tombé et connaît bien le pavillon rustique dans lequel il a été tout d'abord déposé.

Ponsonnard a été soldat en Afrique et sait mieux que nous se débrouiller. C'est un autre moi sur lequel je compte mieux que sur moi.

* *

14 mars. — Avant-hier matin, de très bonne heure, nous sommes partis. Beck, verbeux comme un Provençal, gouailleur comme un gamin de Paris, nous mène grand train jusqu'au pont de Courbevoie. Il nous a fait d'ailleurs la route brève, en nous racontant, avec sa grosse bonne voix et son fort accent lorrain, un tas d'histoires sur son enfance, là-bas au pays natal, ses rencontres à la frontière, ses jeux et ses batailles avec les gamins dont plusieurs sont peut-être maintenant devant nous, de l'autre côté de la Seine, la démarche raide, le fusil à l'épaule, la figure rigide sous le casque à pointe.

La route de Paris à Courbevoie est pleine de voitures pour le ravitaillement, ininterrompu depuis l'armistice. Les longues files de charrettes, de carrioles, de camions, de voitures à bras se dirigent vers la ville, comme une caravane d'émigrants, lente, interminable.

Au pont de Courbevoie, il y a un encombrement, une bousculade entre les gens qui sortent et les maraîchers qui veulent entrer, s'injuriant, se disputant la place pour passer plus vite, arriver et vendre leur chargement.

Aux deux extrémités, le poste français, le poste prussien s'efforcent de mettre un peu d'ordre dans ce flot montant et descendant. Par moment, il y a des remous, des poussées ; tout s'arrête, les chevaux brusquement donnant de la tête dans le fond de l'équipage qui les précède, hennissant, se cabrant, au milieu des coups de fouet et des cris. Puis le train reprend, le flot recommence à s'écouler, dans les deux sens, voitures pleines du côté de Paris, voitures vides du côté de Courbevoie.

Enfin nous traversons, et, notre laissez-passer franco-allemand montré aux sentinelles prussiennes, qui gardent la sortie du pont, nous sommes libres d'aller où bon nous semble.

Alors, nous nous engageons sur le bord de la Seine. Ce chemin je l'ai déjà fait en partie, en janvier, et je m'y retrouve ; j'y revois des détails déjà observés en cette journée inoubliable où il me semble que les circonstances émouvantes du voyage ont singulièrement augmenté l'acuité de ma vision.

Bientôt, apparaît cette pente plantée de vignes, d'où il a fallu rétrograder ce jour-là, pour ne pas être pris entre deux feux. Nous la dépassons et nous voici devant la grille du parc de Béarn. Des soldats prussiens sont là, flânant, causant, fumant de grosses pipes à fourneau de porcelaine. Tous ceux à qui je m'adresse parlent français; Beck leur pousse en pure perte quelques plaisanteries brutales en patois allemand-lorrain. Je leur demande s'ils savent où sont les corps des soldats tombés dans ce parc, dont ils ont la garde; où on les a mis? Ils s'interrogent du regard; aucun ne peut rien dire; ils ne savent pas, ils n'étaient pas là, le jour de la bataille...

Ils nous laissent passer, libres d'explorer la propriété. Il faut le faire sans retard, car il s'agit d'être de retour à la tête du pont de Courbevoie, avant six heures, moment fixé pour l'arrêt des communications avec Paris. Après six heures, les Prussiens ne laisseraient plus passer un enfant.

Les arbres n'ont point de feuilles encore, mais il y a de jeunes pousses dans les taillis, d'un vert tendre, au milieu des touffes à feuillage persistant; guidés par le sergent-major, nous montons par le sentier, d'une pente assez forte, qui conduit vers le château; il nous mène vers ce pavillon qu'il nous a décrit déjà et où le corps que nous cherchons a été placé. Il y est peut-être encore. Depuis deux mois! Mais pourquoi ne l'y retrouverions-nous pas? Qui se serait avisé d'entrer, en ces dernières semaines, dans ce pavillon, au milieu de la verdure?

Une émotion me fait battre le cœur, quand nous arrivons au but. Il me semble que je vais voir sortir de la maisonnette rustique mon petit soldat, aux yeux clairs, aux cheveux blonds frisés, avec son éternelle cigarette aux lèvres.

— C'est là, dit le sergent-major, en me montrant un chemin rapide, entre deux pelouses, conduisant au sommet de la colline, c'est là que notre camarade est tombé; nous n'avons eu qu'un court trajet à faire pour le porter dans ce pavillon.

Le pavillon est petit; on y monte par quelques marches; au-dessus de la porte à cintre de briques, est un buste dans une niche ovale. Je crois que c'est le buste de l'abbé Delille. Ce pavillon a dû être construit au siècle dernier. Avec son toit de chaume, sa maçonnerie grossière prise dans des pans de bois, il doit, naguère, aux temps des laiteries de Trianon, être né du caprice de quelque châtelaine, mise en goût de bucolique par l'exemple de la reine Marie-Antoinette. Le pavillon est ouvert; il est vide; démeublé, un souffle froid l'emplit. Et nous n'y trouvons pas la triste relique que nous y venions chercher. A droite de la porte, une place longue, plus blanche que le reste du sol, comme essuyée grossièrement, nous dit que là fut déposé le corps du petit soldat. Autour, quelques allumettes, un restant de papier à cigarettes, un ou deux menus objets reconnaissables affirment la vérité de l'indication du sergent-major.

Qu'aura-t-on fait de lui? Peut-être l'a-t-on enseveli dans quelque coin du parc, sous le gazon, dans les massifs? Et nous voilà cherchant dans les taillis, interrogeant longuement la terre, pour y découvrir une place fraîchement remuée, quelque monticule d'une végétation récente. Il n'y a rien, que, çà et là, sous les branches brisées, des éclats de fonte, racontant le drame de la guerre.

On nous désigne un homme qui doit savoir quelque chose. Il ne sait rien que de vague. Oui, des corps ont été relevés, emportés. Ils doivent être dans le cimetière de Saint-Cloud, à moins qu'on ne les ait rendus aux Parisiens. Nous nous en irons donc sans avoir réussi dans notre recherche. Et celui que nous cherchons est peut-être là, pourtant. Qui le saura jamais! A regret, il faut s'éloigner, non sans avoir du moins suivi cette route escarpée, où il devait tomber, et sans être arrivés devant ce mur du parc de Béarn, au point de la rencontre entre les Français assaillants et les Prussiens embusqués dans les maisons, à l'intersection des chemins qui vont de Saint-Cloud à Montretout, de la gare à la Seine.

Un large trou béant dans le mur, brèche presque ronde, coup de dynamite, qui a ouvert la route aux nôtres. Là, on s'est fusillé, à courte distance; dans la maison d'en face, on avait matelassé les fenêtres et on se faisait encore un double rempart avec des corps percés de balles; à gauche, dans la maison Zimermann, propriété de la famille du compositeur Gounod, l'engagement a laissé des traces cruelles. Partout des ruines, des murs renversés, des boiseries déchiquetées, des arbres écorchés de balles. Bien que la nature commence déjà à cicatriser les blessures de la terre, l'impression est profonde et navrante. Et les pierres attesteront longtemps encore que là des hommes se sont entre-tués.

Il faut partir, le jour baisse sensiblement. Nous commençons à craindre de n'être pas revenus à Courbevoie avant la clôture du pont. Encore un dernier regard au château démantelé, aux grandes terrasses tristes, où verdissent les balustres et les statues, encore, comme par acquit de conscience, une investigation à travers les futaies, dans les coins, sous les ronces, et, en silence, nous repartons.

Au bout d'un demi-kilomètre, Beck nous arrache à nos réflexions mélancoliques. Et de ses libres propos, de ses interpellations saugrenues aux Prussiens qui passent, il tâche d'égayer la route.

Mais il ne s'agit pas de plaisanter. L'aiguille marche; nous voyons déjà un mouvement plus accentué de l'entrée du pont vers Paris.

Il va être six heures. Un coup de fouet cingle le cheval; nous filons à fond de train! Nous arrivons tout juste pour voir la gigantesque sentinelle et les uhlans à cheval, d'un geste brusque, indiquer qu'il est trop tard. La barrière est close jusqu'à demain.

— Demain ! répondent impassiblement les gardes à notre sollicitation pressante.

— Fils de truie! leur crie Beck en son jargon lorrain.

L'insulte glisse comme de l'eau sur une pierre lisse.

Quelqu'un nous conseille d'aller à la commandature, où l'officier pourra peut-être nous donner un permis de passer exceptionnel.

Un grand Hanovrien, noir, barbu, est de garde à la porte. Il ne bronche pas, il ne répond pas. Il faut s'adresser à d'autres qui ne sont pas de service. Et ces hommes froids, corrects, d'une fermeté rigide, nous déconseillent la visite au commandant et nous engagent à chercher dans Courbevoie, ou mieux encore, là-haut dans la campagne, un gîte pour la nuit, car à Courbevoie toutes les maisons sont occupées.

Et la nuit déjà tombante, nous nous en allons. Beck engage la voiture sur une route haute, au bout de laquelle, on nous affirme qu'un cabaret nous sera ouvert, où nous pourrons manger et dormir tant bien que mal.

Nous montons, nous montons, longtemps, lentement. La nuit est déjà pleine. Je ne reconnaîtrais pas cette route. De loin en loin, une sentinelle prussienne, noire sur le fond noir des talus ou des murailles, le fusil à l'épaule, fait les cent pas gravement.

Et Beck de grogner :

— Fils de truie, va donc ! va ! [1]

Qu'il ait entendu, compris ou non, l'homme continue à marcher automatiquement.

Ah ! nos petits soldats français, grêles, parfois souffreteux, comparés à ces gigantesques machines !

Une maison basse, sombre, aux murs effrités, sur le bord de la route, dans des cultures basses, qui ressemblent à des terrains vagues.

C'est là que nous frappons. Après un temps, la porte s'ouvre. Un homme nous accueille, quelque peu embarrassé de ce qu'il va faire de nous; il nous accueille, c'est l'important. Il y aura un peu de foin, pour le cheval et ce qui se trouvera, pour nous : du pain, du fromage, du vin. On mange, puis on se couche sur deux ou trois matelas alignés, sur le sol nu, sans se dévêtir. Et au matin, très matin, Ponsonnard sonne la diane. Une cigarette, une pipe, le cheval à la voiture et en route ! Que va dire le directeur de la Salpêtrière de notre découcher ? Bah ! on s'expliquera, et pourvu que le cheval et le fourgon rentrent sans avarie, tout sera bien.

Déjà l'interminable file vers Paris a repris sa

marche. C'est, aussi loin que la vue s'étende, jusqu'à l'Arc de Triomphe, une perspective d'attelages et de voitures haut chargées. Nous passons après un long temps, car, comme à la queue d'un théâtre, pour éviter la cohue, il ne faut passer que par séries.

Une halte est nécessaire pour déjeuner. A la femme qui nous sert, je demande l'heure. Elle nous donne une heure assez différente de celle de nos montres.

Bien que je n'aie guère le cœur à la plaisanterie, j'ose lui dire :

— C'est donc l'heure de Berlin que vous avez ici ?

J'ai cru un instant que je ne me tirerais pas intact des mains menaçantes crispées vers moi.

On s'est expliqué à la française, protestant contre toute intention blessante et nous sommes repartis.

Le directeur a compati à nos embarras de la veille et l'économe nous a pardonné les inquiétudes nées de notre retard, à propos du cheval et de la voiture, dont il a la charge administrative et que déjà il voyait réquisitionnés par les Prussiens pour le transport de leur butin de guerre.

15 mars. — Revu quelques hommes de la compagnie, dont je ne fais plus partie depuis l'armistice. Ils me racontent leur vie au rempart, aux postes de l'intérieur de la ville, vie de plus en plus monotone, oisive et favorable aux déclamations. Rencontré aussi un grand garçon, très amusant, très sympathique, notre adjudant Ryant, ancien zouave, toujours coiffé de la calotte rouge de son premier régiment, et qui se mêle beaucoup plus que nous à la vie extérieure. Il connaît bien des personnages du journalisme et de la politique. Il fréquente les clubs ; il nous raconte ses impressions ; il blague toujours.

Tout ce monde-là me semble désorienté. La vie courante n'est pas encore reprise ; de longtemps, sans doute, elle ne le sera pas. On s'est tellement habitué à l'existence anormale que nous a faite le siège qu'il semble à beaucoup qu'elle ne doive jamais finir. On trouve le gouvernement bien mou. Depuis la reculade de Buzenval, il y a dans la foule un esprit de défiance.

Et parmi les gardes nationaux de notre quartier ouvrier, il y a presque unanimité pour la guerre à outrance. Le clairon de la compagnie passe souvent le matin devant la Salpêtrière et nous met ainsi au courant de l'esprit général. Cela vaut bien autant que les gazettes imprimées, multipliant les nouvelles fausses ou contradictoires.

M. Thiers nous mène très autoritairement. Nous ne savons pas où il nous mène et ne nous en soucions pas trop ; mais l'idée de la résistance à ce qui va venir, quoi que ce soit, par une sorte d'esprit d'opposition inhérent au caractère de notre race, s'empare de plus en plus de notre pensée.

*
* *

18 mars. — Il s'est passé aujourd'hui des choses extraordinaires. Notre clairon est venu dans l'après-midi, me les annoncer en ces termes :

— On s'est emparé de la Préfecture de police. C'est un nommé Raoul Rigault qui a été délégué pour la diriger, par les gardes nationaux fédérés. Notre adjudant Ryant est de ses camarades. Rigault a été employé à la Préfecture de police ; il la connaît bien ; tout de même, il ne voulait pas accepter ce poste. Les autres lui ont dit qu'il le fallait, qu'il était le seul capable. Alors, il y est allé. Nous sommes maîtres de Paris. Thiers a filé avec son gouvernement. Il voulait faire enlever les canons, qui sont à nous, gardés au parc de la butte Montmartre. On a culbuté la troupe, et d'ailleurs les lignards ont fraternisé ! Ça va marcher maintenant, la défense !

— Qu'est-ce que vous allez faire ?

— Je n'en sais rien. On proclame la Commune là-bas. Le Comité central de la garde nationale se charge de tout. Ça va marcher.

Sur ce refrain, qui me rappelle le sempiternel grognement de notre capitaine adjudant major : « Il n'y a qu'une garde nationale, je vous dis », mon homme s'en va.

Et moi, je cours aux nouvelles.

J'apprends le soulèvement de Paris, la butte Montmartre occupée par les bataillons, le général Clément Thomas, le général Lecomte, fusillés dans le jardin d'une maison de la rue des Rosiers ! Ce n'est pas une émeute, c'est une révolution.

Et Paris est livré à lui-même, comme un grand enfant terrible. Parti d'un mouvement généreux, celui de la résistance héroïque jusqu'à la mort, il va tout de suite aux pires excès. Le sang coule ; une fièvre intense s'empare de la foule. On ne sait où elle ira; la voilà lancée, inconsciente, folle, ne sachant déjà plus où son instinct la mène. Il faudrait des hommes pour canaliser ce torrent, pour diriger cette force. Il y en aura peut-être. En attendant, une panique a jeté Thiers hors de Paris, à Versailles, comme autrefois Mazarin à Saint-Germain, durant la Fronde. Paris n'est plus pour lui qu'une cité séditieuse qu'il s'agit de mettre à la raison. Le moyen d'y parvenir, est-ce bien celui qu'on a pris ?

Et hier, nous ne nous doutions de rien ! Tout cela nous est tombé sur la tête comme une averse. Maintenant, bien des choses nous reviennent à l'esprit.

Nous nous rappelons surtout les agitations des remparts, les propos sur la trahison certaine, l'orgueil froissé par la défaite et aussi les besoins matériels croissants, l'incertitude de l'avenir, le présent assuré par les trente sous quotidiens, le désir égoïste de ne pas perdre cette ressource et, pour cela, de continuer la vie armée, de garder à Paris, pendant une période indéterminée, dont on se refuse à prévoir la fin, cette physionomie de camp retranché qui semble être devenue sa physionomie normale.

J'écris ces lignes très tard. Depuis la visite de mon clairon, les nouvelles se sont succédé, très graves, et dans la soirée toute une organisation communale nouvelle est déjà ébauchée, réalisée.

Il y a une fermentation dans notre quartier, un bouillonnement. Les compagnies composant notre bataillon sont engagées à fond dans le mouvement. On parle déjà d'un garde, Duval, que l'on vient de nommer général d'emblée. L'avancement va vite, et nous entamons une page d'histoire qui, certainement, sera curieuse. Quel dommage que, tout d'abord, dès la première ligne, elle ait été sanglante! Sans ce début, la fuite à Versailles restait simplement ridicule et l'idée dominante de la résistance à outrance, peut-être irréfléchie et folle, mais héroïque, en somme, triomphait et ralliait tous les cœurs généreux!

* * *

Avril. — Nous sommes en pleine guerre civile ! On use entre Français les munitions dont on n'a pas usé contre les Prussiens. Et, durant que l'on se fusille à Neuilly, que le canon du Mont-Valérien retentit, les oisifs vont « voir », comme pendant la Fronde les badauds suivaient les reconnaissances et assistaient de loin aux engagements.

Le général Bergeret, général de fraîche date, ancien chef de claque, je crois, commande les troupes fédérées dans une voiture à deux chevaux, et fait dire dans une affiche, qui mêle la note gaie à nos impressions tristes, qu'il est « lui-même » à Neuilly. « Bergeret lui-même » nous amuse un instant.

Du côté de Châtillon, le sang a coulé. Notre ancien garde, le général Duval a été pris dans une rencontre et fusillé. Gustave Flourens, l'un des fils du savant bien connu par ses leçons célèbres au Collège de France, jeune homme ardent, enthousiaste, qui a pris part à la dernière insurrection crétoise, s'est mis à Paris, dès la première heure, à la tête du mouvement communaliste et a été nommé major général. Très peu de jours, on l'aura vu à cheval, pâle et résolu, parcourant les lignes. Rencontré dans une reconnaissance par des gendarmes, surpris dans une maison vers Chatou, il a été tué par un officier d'un coup de sabre en plein front, la boîte cranienne presque enlevée, laissant jaillir la cervelle.

Tout cela passe devant nous comme une funèbre fantasmagorie. Le drapeau rouge flotte sur les monuments. De jeunes officiers, enfantinement glorieux de leur brillant uniforme, caracolent sur les boulevards : on fait aux victimes de cette lutte fratricide des funérailles héroïques.

On a solennellement proclamé la Commune de Paris sur la place de l'Hôtel de Ville.

A la place de l'agent général, M. Michel Möring, qui s'est retiré à Versailles, avec son administration, le pouvoir nouveau a nommé le citoyen Treilhard. Il s'est installé dans le cabinet directorial de l'avenue Victoria; nous ne l'avons pas encore vu. Il a fait passer quelques circulaires aux établissements, sur divers points du service ; elles semblent émanées de l'autorité traditionnelle. C'est la puissance éternelle de l'administration. Les chefs se succèdent, les commis demeurent, les traditions se perpétuent et la machine continue à marcher toute seule, par la force séculaire acquise, sans qu'on y sente la main du mécanicien en chef.

Ainsi, nous, petits rouages, modestes engrenages, nous continuons à tourner, à nous mouvoir sous la poussée de l'invisible. On n'a changé qu'une roue à notre système économique : on nous a donné pour le service des aliénés, un jeune homme, un ancien commissaire de marine ; il n'est point des nôtres ; il s'est mis tout de même et tout de suite à la besogne comme si de rien n'était ; il semble que le fauteuil de cuir où se sont assis tant de ses prédécesseurs, lui ait communiqué, en lui ouvrant ses bras, la vertu singulière des bureaucrates et que l'atmosphère du lieu l'ait tout de suite pénétré pour le rendre pareil aux employés qu'elle a pris tout petits pour les revêtir de solennité. Il se nomme Dainne ou Daime, se tient fort à l'écart, et se montre bon camarade dans nos rares rencontres. Il a des amis puissants à la Commune et à la Préfecture de police, où Raoul Rigault, malgré des hésitations remarquées à la première heure, a pris son rôle très au sérieux et parfois au tragique. Rigault est très autoritaire, dit-on, et comme enivré de son pouvoir nouveau à peu près illimité. Il a subi le vertige des sommets.

Nous ne voyons que très peu les représentants de la Commune. Le fils Treilhard, notre nouveau chef du personnel, représentant son père, agent général délégué, est venu une fois et a parcouru sommairement les services.

Ce n'est plus Le Bas qui est notre directeur. On l'a nommé directeur titulaire de la Pitié. La Salpêtrière est maintenant dirigée par M. Phelip, homme rompu au métier par des directions antérieures, d'une froideur anglaise, très bon enfant, d'allure simple. Il reçoit le jeune Treilhard fort convenablement, sans paroles inutiles, le conduit dans les services ; il « fonctionne » en un mot le plus correctement du monde.

Mais si nous ne voyons que par occasion ceux que les hasards de la guerre civile ont fait nos chefs, il nous vient très fréquemment un jeune membre de la Commune, Babick, garçon pâle, à la barbe noire, au visage mélancolique et doux. Très poli, presque timide, il vient voir sa vieille mère, administrée de la Salpêtrière.

Tout d'abord, il m'était arrivé à pied, vêtu d'un pauvre uniforme usé, sur lequel tranchait, toute neuve, son écharpe rouge de membre de la Commune. Il demandait son bon de visite et s'en allait après quatre mots. Peu à peu, il s'est présenté sous des dehors plus brillants : uniforme de drap fin, galons étincelants. Maintenant, il vient en voiture. Il cause un instant. Il s'enquiert auprès de moi des services que nous pourrions avoir à lui demander ; il m'assure qu'il est tout à notre disposition. Et il s'en va, rencontrant parfois sa mère qui vient au-devant de lui dans la cour. C'est une figure intéressante. Je ne sais ce qu'il fait à la Commune ; mais il est bon fils. Des camarades qui le connaissent me racontent à ce sujet une légende : Babick serait un illuminé, un mystique ayant inventé une religion nouvelle, dans laquelle la Vierge, mère du Christ, tiendrait la place supérieure. Dans la vie réelle, il fabriquait de la parfumerie. J'aurais bien aimé l'interroger sur cette bizarre association d'idées. Je n'ai pas osé.

Ainsi va notre vie, traversée de récits dont la certitude m'apparaît contestable.

Ce qui est certain, c'est que Paris est ceint d'une ceinture sanglante, que l'on se bat au delà de ses remparts ; que le bombardement de Thiers a succédé au bombardement de Guillaume, et que les Parisiens recommencent à courir à l'obus, comme il y a quelques semaines, quand tonnaient les canons Krupp.

Il y a des amateurs d'émotions qui se font tuer à ce jeu-là, du côté de la place de l'Étoile.

Il nous arrive dans notre coin quelques journaux, beaucoup de publications caricaturales. Le vieil esprit français ne perd pas ses droits au milieu de toutes ces terribles aventures.

Il y a *le Père Duchesne*, rédigé, je crois, par Vermersch, notre ancien du *Gringoire*, il y a *le Fils du père Duchesne*, avec des images enluminées et des légendes parfois drôles ; il y a *le Grelot*, journal de Bertall, qui ne craint pas de piquer, de la pointe de son crayon, les maîtres du jour. Nous-mêmes, la rage caricaturale nous a pris, avec Alfred Loudet, le peintre dauphinois, lauréat de l'Académie des Beaux-Arts, avec Hippolyte Dunon, notre ex-capitaine, qui a rendu son sabre en même temps que nous notre fusil. Nous nous sommes mis en tête de dire son fait au petit tyran de Versailles.

Et le premier numéro d'une feuille satirique, qui n'aura sans doute pas de suite, a paru, par les soins du même Dunon et de ses associés, Rouge et Frainet, en leur imprimerie de la rue du Four-Saint-Germain.

On y voit le « père Thiers », sur lequel nous tapons ferme, nous les Parisiens, sans distinction d'opinions, depuis qu'il s'enrage à nous bombarder, monté à rebours sur un cheval de bois, qu'un ressort à boudin fait caracoler au-dessus d'un volume de *l'Histoire du Consulat et de l'Empire*. Le petit homme tournant ainsi le dos à son but : Paris, brandit de la droite son petit sabre, de la gauche sa grande plume. La République, planant au-dessus de lui, l'écarte d'une chiquenaude.

En tête de la feuille se lisent deux épigraphes extraites des discours autrefois prononcés par Thiers et mettant en contradiction ses déclarations passées et son attitude présente.

Les voici. Elles sont d'un rapprochement curieux.

« ... C'est calomnier un gouvernement QUEL QU'IL SOIT de supposer qu'il puisse un jour chercher à se maintenir en bombardant la capitale. Quoi! après avoir percé de ses bombes la voûte des Invalides ou du Panthéon, après avoir inondé de ses feux la demeure de vos familles, il se présenterait à vous pour vous demander la confirmation de son existence! MAIS IL SERAIT CENT FOIS PLUS IMPOSSIBLE, après la victoire qu'auparavant. »

(THIERS. — *Discours de 1848.*)

« ... Vous savez, Messieurs, ce qui se passe à Palerme; vous avez tous tressailli d'horreur en apprenant que, pendant quarante-huit heures, une grande ville a été bombardée. Par qui? Était-ce par un ennemi étranger, exerçant les droits de la guerre? Non, messieurs, *par son propre gouvernement*. Et pourquoi? Parce que cette ville infortunée *demandait des droits*.

» Eh bien! il y a eu quarante-huit heures de bombardement.

» Permettez-moi d'en appeler à l'opinion européenne. C'est un service à rendre à l'humanité que de venir du haut de la plus grande tribune peut-être de l'Europe, faire retentir quelque paroles *d'indignation contre de tels actes.* (Très bien ! Très bien !) »

(THIERS. — *Discours de 1848.*)

Et le même homme qui a prononcé ces nobles et généreuses paroles est celui qui nous traite à son tour à coups de canon.

Ces vers suivaient les deux citations.

GÉNÉRAL EN CHEF!

Il a, — sur le papier — gagné tant de batailles,
  Échelonné tant de soldats
Et fait, sous son niveau, défiler tant de tailles
  Qu'un jour, il s'est dit : « Pourquoi pas ?

» Puisque j'ai disséqué dans mon fameux volume
  » Ce qu'on appelle un conquérant,
» Je suis homme à tenir, aussi bien que la plume
  » Le bâton du maréchal Rrran ! »

Alors, comme il faut bien contenter tout le monde,
  Pouvant dire : « L'État, c'est moi ! »
Bon prince, il a laissé les partis à la ronde
  Crier : Vive n'importe quoi.

Et tandis qu'abordant la jeune République
  Avec des airs de Washington.
Il lui glisse l'aveu d'un amour platonique ;
  Sans souci du qu'en dira-t-on,

Il visse au drapeau blanc de monsieur de Charette
    Le Coq gaulois, qui s'y tient mal,
Et s'écrie, — en forçant sa voix de clarinette : —
    « A cheval, messieurs, à cheval !

» Nous allons démontrer de façon péremptoire,
    » A ce bon peuple de Paris
» Ce qu'il en coûte aux gens de faire de l'histoire
    » Et dans quelle impasse il est pris.

» Nous avons une armée immense et magnifique :
    » Nous avons les moblots bretons,
» Les zouzous du Saint-Siège et les chasseurs d'Afrique
    » Et les sergents porte-bâtons.

» Nous avons déployé le drapeau de la France
    » Au sommet du Mont-Valérien,
» Fort très sûr pour l'attaque et qui, — pour la défense,—
    » Vous l'avez vu, — ne valait rien —

» Du haut de Saint-Denis, la Prusse nous contemple,
    » Messieurs, pas de faux mouvement.
» Nous allons lui donner bientôt un fier exemple
    » Et d'un coup lui prouver comment

» Un général, qui sait son métier, doit s'y prendre
    » S'il veut aplanir le chemin,
» Et forcer une ville orgueilleuse à se rendre...
    » Cette leçon viendra demain !...

» Nos lauriers, mes enfants, vont verdir de plus belle.
    » Il faut que Bismarck ébloui
» Se dise : — Quel gaillard ! quel bras ! quelle cervelle !
    « Moltke est un gamin devant lui.

» Il faut que mes exploits, par qui va votre gloire
    » Aux yeux du monde s'affermir,
» Empêchent, — quand Berlin connaîtra cette histoire, —
    » Le roi Guillaume de dormir.

» Peut-être devrons nous, pour achever la tâche
    » Mettre des bombes dans le jeu ;
» Brûler quelques quartiers et, — c'est ce qui me fâche, —
    » Tirer sur nos amis un peu !

» N'importe ! Point de trêve et pas de défaillance !
    » Sauvons le principe avant tout !
» Meure Paris, s'il faut décapiter la France,
    » Pour que l'ordre reste debout !

» Mais, c'est trop s'attarder aux harangues frivoles,
    » Battez le rappel : Ran plan plan !
» On juge l'homme à l'œuvre et non point aux paroles.
    » Or, — comme Trochu, — j'ai mon plan ! »

Il dit, et le regard brillant, le cœur plein d'aise,
    Il fait un geste triomphal
Et l'un des *Quinze... Vingts* lui présente une chaise
    Afin qu'il s'élance à cheval !

Il tire son épée et menace la nue ;
    Mais ce but où tend son désir,
Se refuse toujours à sa fougue ingénue,
    Alors qu'il voudrait le saisir.

La raison de ceci, c'est qu'il a, trop novice,
    Enfourché sa bête à rebours ;
Or, elle pourrait bien, pour peu qu'elle eût du vice,
    Lui jouer quelques méchants tours.

> Et lui prouver, — trop tard, — que ces jeux sont à craindre,
> Que lorsque on aspire au repos
> Il faut tendre la main au but qu'on veut atteindre
> Et non pas lui tourner le dos.

Cette première feuille de notre *Galerie satirique* se vend dix centimes. Je crois que nous n'en tirerons ni gloire, ni profit.

Il y a là dedans des allusions que bientôt on ne comprendra plus. La postérité n'est pas faite pour ces choses que met en poussière la grave histoire. Tels les sergents « porte-bâtons » écho d'un bruit malveillant, qui a couru parmi les Parisiens, assimilant les sous-officiers français aux instructeurs allemands. Tel le mot sur les « Quinze-Vingts » malice à l'adresse de la Commission des « Quinze » dont les membres, a-t-on dit, mènent Thiers comme des aveugles.

* *

Mai. — Aujourd'hui, les enfants du quartier ont fait leur première communion à l'église Saint-Marcel, boulevard de l'Hôpital. Petits garçons au brassard blanc, petites filles en bonnets et en robes blanches se sont mêlées aux fédérés qui occupent depuis quelque temps l'église et y campent.

Parmi eux, plus d'un père, le flingot sur l'épaule, conduit l'enfant à la cérémonie.

Dans l'église, on s'est arrangé pour qu'aucune gêne mutuelle ne résulte de la rencontre. Les fédérés sont dans un coin, ou sortis pour fumer leur pipe, causer sur le boulevard. Dans la nef, se courbent pieusement les enfants au chant des orgues et dans le bercement des psalmodies.

Tout cela semble naturel; on oublie presque les bizarres et parfois tragiques circonstances dans lesquelles le fait se produit.

A voir ce défilé des petits, en leur parure parisienne d'une simplicité banale, je me souviens de jours pareils dans notre riant Dauphiné, où les choses de la vie religieuse sont restées plus poétiques, plus naïves.

Je revois les petits communiants retournant chez eux, le long des rues fraîches ou par les sentiers tout blancs d'aubépines parfumées, et marchant d'un pas grave, silencieux et recueillis, les filles portant par-dessus le voile, sur les bandeaux de cheveux fins, une couronne de roses blanches; les garçons, sur le sommet de la tête, une petite couronne d'épines, qu'ils ont été chercher dans les buissons, tressée eux-mêmes, pas plus large qu'une tonsure de prêtre et que les parents garderont précieusement dans la grande armoire au linge, pour qu'un jour les enfants la retrouvent, quand ils seront des hommes.

Et de fraîches bouffées de printemps, d'enfance heureuse, me viennent au milieu de cette atmosphère, poudreuse et chaude, de ce matin de mai parisien, où tant de troubles, tant de menaces sont dans l'air !

* *

Paris a la fièvre. Les événements les plus inexplicables s'y passent, nous surprenant tout à coup, puis s'achevant sans qu'on sache bien le pourquoi et le comment de leur conclusion.

On a arrêté Hippolyte Dunon. Il a, paraît-il, en son imprimerie de la rue du Four, fait composer et tirer quelque brochure qui a déplu aux maîtres de l'Hôtel de Ville. Et, comme il est beaucoup plus en vue que ses associés, c'est à lui qu'on s'en est pris.

Il a été écroué à la Conciergerie, enfermé dans une cellule. Après une mauvaise nuit, il nous est revenu, souriant, blaguant, un peu ému tout de même de cette aventure, qui aurait pu se prolonger, la délimitation des pouvoirs judiciaires ou administratifs n'étant pas d'une grande précision, et un brave citoyen, en cette Babel, pouvant être exposé à jouer un peu plus longtemps que de raison le rôle du volant entre deux raquettes.

Hier, autre alerte qui nous a touchés et émus encore davantage.

Comme j'étais au jardin, vers le soir, le concierge de la rue Delambre, où habitent nos parents Varnier, vient, tout effaré, me dire :

— On a arrêté monsieur, et madame, très inquiète, m'envoie vous prévenir pour que vous retrouviez son mari.

Je m'enquiers de Babick qui, vraisemblablement va nous tirer de ce mauvais pas; ce sera la première fois que nous aurons eu à lui demander quelque chose. Babick est introuvable. La nuit est proche. Je prends le parti d'aller à la Préfecture de police, où je ne suis jamais entré; et quelque peu embarrassé et inquiet devant cet inconnu, je prie Dunon de m'accompagner.

Il fait légèrement la grimace; il vient pourtant, si médiocrement enchanté qu'il soit de la visite. C'est qu'il sort d'en prendre, notre ami. Sa captivité à la Conciergerie lui rend désagréable la fréquentation de ces parages. Toutefois nous marchons côte à côte et nous voilà bientôt devant la porte noire qui conduit dans les bureaux de Raoul Rigault, procureur de la Commune. On m'a assuré que je trouverais là notre nouveau collègue aux aliénés, Dainne ; c'est sur lui que je compte pour m'aider dans mon œuvre de libération.

— Entrons !

Dunon s'arrête, songeur.

— Non! vous voilà sur votre chemin. Montez! vous trouverez Dainne là-haut. Je vais vous attendre en me promenant sur le quai. Je l'ai assez vue, ces jours-ci, la Préfecture de police — et aussi la Conciergerie!

Alors, je monte! C'est dans les escaliers une cohue de gens en uniforme, au milieu d'une épaisse fumée de tabac; ils viennent des bureaux ou ils y vont, se heurtant, affairés, échangeant au passage des phrases rapides. J'ai encore là l'impression menaçante de quelque obscur événement; j'y respire encore l'odeur de la fièvre du danger. Pourtant, il ne se passe rien d'anormal et je trouve, après un quart d'heure de recherches, de marches, et de contre-marches dans les couloirs, celui que je venais chercher. Je trouve Dainne, très tranquille, fumant sa cigarette, assis devant une table, comme un fonctionnaire qu'il est là, paraît-il, comme à la Salpêtrière.

Je lui explique mon embarras au sujet de cette arrestation d'Henry Varnier; je lui dis que je compte pour m'aider, en cette occurrence, sur sa bonne volonté.

— Elle vous est acquise, citoyen, me répond gravement Dainne.

Alors, je lui raconte, tant bien que mal, l'histoire de cette arrestation. Il faut que Varnier, l'artiste, ait été pris pour Varnier, employé supérieur de l'assistance publique, à moins que ce ne soit pour un autre homonyme connu pour ses relations avec Versailles. Je m'y perds.

— C'est possible, ajoute Dainne. Ce qui paraît sûr, c'est qu'il est arrêté. Mais, attendez; chaque soir les individus pris dans les divers quartiers, pour une cause ou pour une autre, sont dirigés sur la Conciergerie. Je vais vous y faire conduire. Vous demanderez le registre d'écrou et vous trouverez sans doute votre homme.

Il me donne un garde pour me diriger, lequel me fait traverser je ne sais quels cours et couloirs, franchir une grille et finalement, entrer dans un bureau long séparé en deux par une barrière de bois. C'est le greffe.

Deux scribes en uniforme, mis au courant de l'objet de ma démarche, me passent sans façon leur registre.

— Cherchez vous-même, me dit l'un. Le livre est à jour.

Et me voilà, suivant du doigt les noms des prisonniers amenés dans la journée. Je n'y trouve point celui d'Henry Varnier.

Quand je sors du bâtiment sombre, la nuit est venue ; une ombre est sur le quai, marchant lentement : c'est Dunon. Nous retournons mélancoliquement à la Salpêtrière par les quais à peu près déserts.

Enfin, ce matin, un mot m'a rassuré et renseigné.

Henry Varnier était chargé, paraît-il, on le croyait du moins, d'aller chercher de l'argent pour les hôpitaux à la caisse de l'Assistance installée à Versailles. Le trouvant à l'hospice des Enfants-Assistés, les fédérés l'y avaient arrêté sans bien savoir pourquoi et relâché sans raison apparente, grâce à la présence d'esprit de sa femme, laquelle tranquillement l'avait emmené pendant les vagues délibérations de ces messieurs.

Depuis des mois, nous assistons à des scènes de ce genre. Un gros incident, qui naît sans motif et se dénoue sans la moindre apparence de logique.

Enfin, voilà le captif en sûreté à Noisy-le-Grand ! Tout est bien qui finit bien.

*
* *

20 mai. — Bien des événements en ces derniers jours, et des plus divers, de la menue monnaie d'histoire. Je retiens ceux qui touchent aux passions du moment et aussi ceux qui intéressent notre obscure existence et les sujets de nos entretiens familiers.

Auber est mort. L'auteur de *la Muette* avait

quatre-vingt-neuf ans. L'alerte vieillard paraissait, en ces derniers temps, fléchir sous le poids des préoccupations de la vie publique,

— J'ai trop vécu, disait-il, récemment à un ami, avec mélancolie. Voyez-vous, mon enfant, il ne faut rien exagérer.

Pour remplacer Auber, on a choisi un journaliste, Daniel Salvador, qui fut, sous l'Empire, critique musical à *la Marseillaise*.

De temps en temps on a donné des concerts aux Tuileries, concerts gratuits où se sont fait entendre la tragédienne Agar, le violoniste Danbé, madame Bordas. A l'avant-dernier, une affiche apposée dans les salons disait ce qui suit aux spectateurs :

« PEUPLE !

» L'or qui ruisselle sur ces murs, c'est ta sueur. Assez longtemps tu as alimenté de ton travail, abreuvé de ton sang, ce monstre insatiable : la monarchie.

» Aujourd'hui que la Révolution t'a fait libre, tu rentres en possession de ton bien; ici, tu es chez toi. Mais, reste digne, parce que tu es fort, et fais bonne garde, pour que les tyrans ne rentrent jamais.

» DOCTEUR ROUSSELLE. »

L'Opéra prépare, pour le 22, une représentation au bénéfice des victimes de la guerre (veuves et orphelins), et du personnel de l'Opéra, avec le concours des artistes de l'Opéra, de l'Opéra-Comique, du Théâtre-Italien et du Théâtre-Lyrique. L'orchestre sera conduit par Georges Hainl. On doit entendre l'ouverture du *Freyschutz* ; un *Hymne aux Immortels* de Raoul Pugno ; le quatrième acte du *Trouvère,* chanté par Villaret, Melchissédec et madame Lacaze ; *Patria* de Victor Hugo, par madame Ugalde ; l'air des « Bijoux » de *Faust*, par mademoiselle Arnault ; un chant patriotique, *Quatre-vingt-neuf,* par Morère, et enfin, parmi d'autres numéros, le quatrième acte de *la Favorite*, avec Michot, Melchissédec, madame Ugalde, et une autre composition de Pugno, *Alliance des peuples* ; le trio de *Guillaume Tell,* enfin, un chœur de Gossec : « Vive la liberté ! »

Là-bas, au rempart, la fusillade continue, interminable, prélude ou accompagnement de toutes ces petites fêtes. L'extraordinaire vitalité artistique de Paris se révèle en ces détails : entre deux ambulances, un théâtre en activité, au moins pour un soir ; au tournant d'une barricade, une affiche de concert !

Dans la ville on démolit avec acharnement : démolition de la maison de Thiers, suivant décret de la Commune, confiscation des richesses artistiques et du mobilier qu'elle contient; enlèvement pièce par pièce du tympan de l'Hôtel de Ville, qui montrait au peuple de Paris, Henri IV à cheval, dominant la porte de la maison commune.

Roi et cheval de bronze ont été emportés, emmagasinés ou fondus.

Enfin, on a jeté bas la colonne de la place Vendôme, la colonne de la Grande Armée.

Tout cela en une semaine, semaine fiévreuse où les faits comiques ou graves s'accumulent, s'enchevêtrent dans un désordre à confondre l'imagination.

On m'a copié une affiche de XIIe arrondissement, pour la formation d'une compagnie de « citoyennes volontaires ».

Elles marcheront « avec la légion », et afin de « stimuler l'amour-propre de quelques lâches », le colonel arrête que tous les réfractaires seront désarmés publiquement devant le front des bataillons, par les citoyennes volontaires et conduits en prison par elles.

L'Assistance publique fait parler d'elle dans l'*Officiel*. Cela nous touche plus que les événements de la rue, étant plus près de nous. Nous apprenons ainsi qu'on a nommé un directeur à l'hôpital Beaujon, le citoyen Louis Redon, qui n'est pas des nôtres, en remplacement du « sieur Montesson, qui a déserté son poste », et que le citoyen Joseph Rieder, encore un étranger, a été chargé de la direction de l'hôpital ci-devant appelé « Sainte-Eugénie » et qui portera désormais le nom « d'hôpital des Enfants du peuple ».

* * *

On nous a raconté la curieuse scène du renversement de la colonne devant les délégués de la Commune, après des discours de Miot et de Ranvier, sur une sonnerie de clairon, avec *la Marseillaise* et *le Chant du Départ* exécutés par la musique du 172ᵉ bataillon. La colonne a été sciée à la hauteur du piédestal; des câbles tendus par un cabestan ont dû faire basculer l'énorme fût de pierre et de bronze et le jeter sur un lit de fascines et de fumier. Tout d'abord un cabestan a cassé, renversant les hommes qui le manœuvraient, et dont l'un a été tué.

Vers le soir, seulement, l'opération a pu être accomplie, un nouveau cabestan ayant été à grand'-peine installé. Dans l'intervalle, trois musiques jouaient sur la place pour faire patienter la foule.

Si nous n'avons pas vu cela, au moins avons

nous voulu voir l'aspect de la place Vendôme après cette exécution brutale blâmée par ceux-là mêmes qui ont voué la haine la plus profonde au César corse. Devant le Prussien qui nous regarde et qui rit, c'est l'effondrement lamentable du plus haut monument de notre gloire française, la Colonne! Cette colonne chantée, glorifiée par les poètes, cimentée du sang des fils de la France, ce qui aurait dû la rendre sacrée. La renverser, c'est plus qu'une folie et une honte : c'est une bêtise, la chose la plus impardonnable qui soit, pour un peuple auquel ceux qui l'aiment le moins ont fait une réputation de goût et d'esprit.

Vers le coucher du soleil, nous abordons la place par la rue de Rivoli et la rue Castiglione. Peu de monde. L'événement pour Paris est déjà vieux, étant d'hier. La curiosité publique est satisfaite.

Sur son lit de sable, de fascines et de fumier, la colonne est tombée, rompue en trois ou quatre tronçons, qui ont gardé leur revêtement de bronze; le reste n'est que moellons blancs, matériaux de démolitions, versés là, en ligne, comme par quelque déchargement de tombereaux. Le support demisphérique sur lequel reposait la statue, a roulé, presque intact, avec ses imbrications de métal, et immédiatement en avant, projetée à deux ou trois mètres, gît l'image impériale.

César, en son travestissement romain, la main droite supportant encore le globe sur lequel planait une petite Victoire, disparue, est étendu à la renverse, les yeux vers le ciel, où l'Homme cherchait naguère sa fuyante étoile !

Nous sommes rentrés lentement à travers ce Paris, si différent de lui-même, si troublé, et depuis si longtemps !

On vend des complaintes et des chansons sur la chute de la colonne. Il y en a une assez drôle, empreinte de l'imperturbable « blague » parisienne qui, au milieu des événements même les plus tragiques, ne perd jamais ses droits.

J'y prends ces couplets, parmi la vingtaine dont elle se compose :

> On voit avec leurs insignes
> Arriver nos r'présentants.
> Ils ont tous l'air très contents.
> Faut dire qu' c'est des gens bien dignes !
> Ceux qui les insul'nt souvent
> N'en pourraient pas faire autant !

> Des orchestres très conv'nables
> Et qui jouaient en mêm'temps
> Mais sur des airs différents,
> Rendaient la fête agréable.
> On s'serait cru à l'Opéra,
> Qui d'ailleurs n'est pas loin d'là.

Au signal du machiniste,
On vira le cabestan;
Mais la cord' se tendit tant
Qu'on redoutait un sinistre.
L'appareil avait le tort
De n'pas être le plus fort.

Enfin il faut qu'il succombe.
A cinq heures trente-cinq...
Quel exempl' pour Henri Cinq!...
La colonn' s'incline et tombe...
Et Napoléon premier
S'abîme dans le fumier.

La foule se précipite
Pour ramasser les débris
De ce monstre qui l'a mis
Dans un état si critique;
Chacun, en guise d'espoir.
Agite en l'air son mouchoir!

Mais, lorsque l'on examine
Cett' colonne de canons,
Ell' n'était fait' que d'moellons...
C' monument n'payait que d' mine,
D' bronze il n'y avait pas beaucoup :
On nous avait monté l' coup !

*
* *

22 *mai. La semaine de la bataille des rues.* —
Jusqu'ici, nous sommes restés assez tranquilles dans
notre coin. Aucun incident plus notable que ce

que je viens de rapporter n'a troublé la paix du vieil Hôpital Général; dans la fraîcheur de ses jardins, au milieu de ses parterres en fleurs par un temps admirable la vie a passé, presque toujours ignorante des choses de la rue. Nous nous sommes fait de la Salpêtrière une province, où n'arrive que l'écho très affaibli des événements. Si nous ne lisions quelques journaux, nous ne saurions ce qui se passe. Et le savons-nous, même en les lisant? On nous cache beaucoup de choses. Aux heures de loisir pourtant, en de lentes promenades sous les beaux arbres de la Hauteur, en quelque réunion dans le jardin de l'un de nous, nous échangeons des idées. Nous sommes de plus en plus sévères pour « le père Thiers ». Il nous semble qu'il aurait pu, dès la première heure, enrayer le mouvement populaire, le canaliser, s'en emparer. Une panique a suivi son départ, inexplicable, inexcusable, et par la porte ouverte devant lui une foule a passé. Ceux qui auraient dû rester à leur poste se sont précipités à sa suite. Puis, comme un enfant qui a eu peur, il est devenu féroce: Neuilly en ruines, les canons du mont Valérien tournés contre Paris et renouvelant les horreurs du bombardement prussien, la résistance à toute conciliation !

Quel jugement la France portera-t-elle sur cet homme, quand elle rouvrira sa chronique à cette page noire?

Est-ce qu'il n'y a pas eu en lui quelque orgueil immense, quelque aveugle volonté de domination quand même! L'auteur du *Consulat et de l'Empire* n'a-t-il pas voulu être à la fois le général impeccable et l'imperator omnipotent?

Dans Paris, un courant de folie emporte dans ses flots irrésistibles quelques hommes de naïve foi, de conviction passionnée. Ce sont de ces chefs à qui on n'obéit plus, souvent suspects les uns aux autres, comme ils le sont à leurs soldats. Pour ces derniers, ils marchent aveuglément; il en est qui croient encore à la moralité de la résistance, se battent et tombent avec la conviction d'avoir travaillé au salut de la République; il en est de résignés ayant la conscience obscure de la fin fatale; il en est d'infortunés, restant pour leur solde, ces trente sous sans lesquels ils crèveraient de faim, le siège leur ayant arraché l'outil qui les faisait vivre, eux, leur femme et leurs petits.

Puis, il y a l'écume, les scories du peuple, les étrangers suspects, les irréguliers, les aventuriers, les déclassés, les ivrognes incorrigibles gueulant à travers les foules, attisant les mauvais instincts. C'est le fond de l'humanité. De ceux-là, heureusement, nous n'avons vu que de rares échantillons. Les jours d'entrée publique à la Salpêtrière, le jeudi et le dimanche, communément nous arrivaient, mêlés au public courant, quelques fédérés venant embrasser leur mère ou une parente, parfois à la hâte, pressés de retourner au feu.

Deux d'entre eux, il y a quelques jours, m'ont aidé à mettre à la raison un mauvais sujet, garçon de service à l'hôpital, qui, congédié par le directeur, s'obstinait à ne pas vouloir quitter la place.

Ils l'ont chapitré de belle façon :

— Comment ! tu es, dans les hôpitaux, dispensé du service actif et tu te rebiffes, et tu es saoul par-dessus le marché, tandis que les camarades vont se faire casser la figure à Neuilly ! Tu mériterais d'être empoigné tout de suite.

Puis, indulgents et revenant à moi :

— Allons, excusez-le pour cette fois, citoyen. Et s'il recommence, dites-nous-le et qu'il se tienne bien !

Et ils sont partis, ajoutant :

— Comptez sur nous, citoyen. Il faut que nous retournions vite à la barricade de Neuilly. Ça chauffe dur. Nous reviendrons jeudi voir les mamans, si nous pouvons.

La semaine dernière, un des agents de l'administration de l'Assistance publique est venu de Versailles, ayant pu rentrer par Saint-Denis. Réfugié là-bas depuis le mois d'avril, il ne paraît pas avoir une notion très exacte de ce qui s'est passé et de l'état réel des esprits. Il ne nous blâme certainement pas d'être restés à notre poste, pendant ces deux mois comme si de rien n'était, mais peu s'en faut! Évidemment pour lui, nous sentons le roussi et nous sommes quelque peu inféodés à la Commune. Si nous osions lui dire combien l'administration centrale a peu compté pour nous pendant ces deux mois, et comme facilement nous avons pu en ignorer l'existence, révélée seulement par quelques vagues circulaires et une discrète visite des fonctionnaires nommés par la Commune! Il se rend compte pourtant, et d'assez bonne grâce, que cette vieille machine qu'est la Salpêtrière a pu fonctionner, par la seule force acquise de ses anciens rouages alimentés convenablement chaque jour, le pain, le vin, les vivres, l'argent ne lui ayant pas encore manqué.

Le drapeau d'ambulance blanc à la croix rouge a flotté seul tout le temps au-dessus de la porte. Il y est encore, proclamant l'indépendance, ou tout au moins la neutralité de l'hospice, et jamais il ne nous a été enjoint de l'enlever ou d'y adjoindre le drapeau rouge.

Pour aujourd'hui, je crois bien que c'en est fait de nos longs jours de calme.

***

On nous affirme que les troupes de Versailles sont

entrées dans Paris, du côté du Point-du-Jour, que la bataille est engagée dans les rues et que Paris se hérisse de barricades.

Le docteur Charcot arrive, comme chaque matin, pour faire son service. Il est en voiture découverte. Très calme, très froid selon sa coutume, avec sa face maigre et rasée, ses longs cheveux noirs, sa physionomie à la Bonaparte. Il raconte qu'il a été arrêté par des fédérés, en train d'élever une barricade, et qu'il a pu passer outre, malgré les protestations de ceux qui voulaient l'obliger à descendre et à étager quelques pavés, droit de péage, traditionnel en temps d'émeute.

Le temps est chaud et clair; il y a dans l'atmosphère comme le reflet d'un feu de forge; vers l'ouest des fumées légères montent dans le bleu du ciel, des roulements et des fusillades plus proches que ces jours derniers se font entendre : on bat le rappel du côté de la place d'Italie ; quelques gardes de notre ancien bataillon viennent, sans armes, flâner de nos côtés.

Plusieurs disent : « C'est la fin ! » Ceux-là ont prudemment caché leur fusil; des blessés de l'armée encore en traitement à notre ambulance, depuis le siège prussien, ne savent que prévoir ; tous ont le pressentiment de quelque chose de terrible,

Au courant de la journée des gens arrivent, affolés,

des habitants de la rue de Lille ; ils viennent demander l'hospitalité à des amis de la Salpêtrière. Ils prétendent qu'on leur a donné l'ordre de quitter leur maison et qu'on y a mis le feu, en allumant du pétrole dans les caves. Nous n'y voulons pas croire ; nous ne nous rendons pas compte de la possibilité de cette folie.

— Moyen de défense des fédérés, dit quelqu'un. Incendie allumé par les projectiles à feu, dit un autre.

Ce qui est bien certain, c'est que les fumées, légères, il y a une heure, s'épaississent, se font noires et montent à l'horizon du côté des quais, au loin.

Le jour s'achève au milieu de ces signes avant-coureurs de la tempête. L'ombre vient, très profonde, troublée de clameurs lointaines, plaquée à la crête des maisons, de lueurs pareilles à des aurores naissantes.

Vers le milieu de la nuit, sur le boulevard de l'Hôpital, sombre, désert, des cavaliers passent, emportés vers la barrière d'Italie, au galop enragé de leurs montures et criant, en un appel lugubre et comme désespéré : « Vive la Commune ! Vive la Commune ! »

Puis, tout retombe au silence morne. Il est plus de minuit. Le jour vient vite. Il faut dormir, prendre quelques forces pour les épreuves probables de demain.

* * *

23-24 mai. — Matinée relativement calme. Le service quotidien intérieur se fait sans trouble; les approvisionneurs ont eu cependant de la peine à passer dans certains quartiers avec leurs voitures. Ils donnent quelques nouvelles assez vagues. Les troupes de Versailles s'avancent méthodiquement. Elles vont reprendre la butte Montmartre; on prétend même qu'elles l'ont reprise. Rien de certain dans tout cela; il faut attendre. Du côté des fédérés, dans notre quartier, aucun signe d'existence, aucun mouvement appréciable; au loin toujours l'intermittente batterie du rappel ou de la générale.

L'après-midi seulement, le drame de la rue se manifeste dans notre immédiat voisinage. Le tambour bat dans la rue Poliveau, à l'angle du boulevard de l'Hôpital. Ce n'est pas le rappel qu'il bat, c'est l'assemblée. Nous courons là. Il s'agit d'un avis donné d'abord verbalement, qui va être affiché, s'il ne l'est déjà, et que voici en substance :

« Pour les besoins de la résistance, le Panthéon doit sauter dans un délai de deux heures. Les habitants du quartier qui l'entoure sont invités, pour leur sécurité, à se retirer à distance convenable de la zone de l'explosion. »

C'est clair et net. Je monte chez moi. De nos fenêtres on voit le dôme gris du monument se profiler sur le ciel empourpré. Le drapeau rouge flotte au-dessus de la lanterne de la coupole. Et bien leste assurément, et bien hardi, celui qui est allé l'y attacher. Que se passe-t-il sous cette haute coupole? Quel formidable coup de mine va la mettre en miettes et nous en envoyer les débris meurtriers!

Je fais descendre les miens dans les jardins. Je les emmène dans la petite maison plus abritée de notre ami Fermond, le pharmacien de l'hospice. Les deux familles, la sienne et la mienne, attendront là les événements.

Du bureau, on m'envoie chercher. L'avis relatif à la prochaine explosion du Panthéon a fait son effet sur la Montagne-Sainte-Geneviève.

Par la rue Poliveau, nous voyons venir vers nous une longue procession de réfugiés du quartier menacé. Il y a des prêtres, des religieuses, des gens de diverses conditions, des élèves du collège Sainte-Barbe, le directeur de ce collège et sa famille; en tête marche un jeune homme bien vêtu, coiffé d'un chapeau de soie, avec un tablier d'interne sur ses habits et portant un grand drapeau d'ambulance blanc à croix rouge.

Malgré ses explications, il est très facile de reconnaître qu'il n'est aucunement élève en médecine, qu'il a revêtu le tablier comme une sauvegarde. Il réclame l'hospitalité au nom du groupe qui le suit : selon lui, le quartier du Panthéon est un champ de bataille ; on tire sur tous les gens qui paraissent aux fenêtres, l'explosion du monument va avoir lieu d'un instant à l'autre. Il raconte que, seul, un vieux professeur de Sainte-Barbe s'est obstiné à demeurer dans le collège, disant tranquillement que le Panthéon pouvait sauter, qu'il ne se dérangerait pas pour cela, bien certain que, sous cette vaste cloche formée par le dôme, l'explosion ne pouvait avoir d'autre effet que l'effondrement sur place et non la projection des matériaux.

Il s'agit d'hospitaliser tout ce monde jusqu'à nouvel ordre. On décide que le directeur du Magasin Central des hôpitaux contigu à la Salpêtrière sera requis de recevoir les réfugiés adultes ; que les élèves de Sainte-Barbe resteront dans les baraquements vides de la Salpêtrière. Quant au directeur de Sainte-Barbe et à sa famille, ils trouveront asile chez notre directeur qui met son appartement à sa disposition.

Le directeur du Magasin Central rechigne. C'est

un nouveau venu, nommé par la Commune, un marchand d'autographes du quartier Saint-Sulpice, que les événements ont improvisé administrateur. On lui parle le langage de l'humanité; on le lui parle sévèrement et il ouvre enfin sa porte. Du reste, prenant son parti et jugeant que les choses tournent mal, il ne tarde pas à disparaître discrètement, laissant ses employés, nos collègues, maîtres d'organiser le campement des réfugiés.

Il est six heures ; le Panthéon ne saute pas.

Il en est huit, il n'a pas sauté.

La nuit vient. Très certainement il ne sautera pas.

On se demande ce qui a bien pu se passer de ce côté. Sans doute l'armée est maîtresse du quartier des Écoles. Nous verrons cela demain matin. Le drapeau rouge flotte encore sur le Panthéon ; le doute est encore permis.

24 mai. — Au petit jour, je monte à l'étage supérieur de notre pavillon, sous le comble. De là, on aperçoit tous les édifices de la montagne Sainte-Geneviève et le dôme du Panthéon se profile sur l'horizon clair. Le drapeau tricolore ne flotte pas à son sommet ; le drapeau rouge n'y flotte plus. Il a été arraché de la hampe qui garde seule quelques lambeaux d'étoffe déchiquetée. Vraisemblablement, l'armée est là.

Du côté du centre de la ville le rideau de fumée s'épaissit encore. Au-dessus, dans un ciel d'une sérénité admirable, des flocons blancs s'épanouissent de minute en minute; ce sont des obus et des boîtes à mitraille qui éclatent sur les quartiers bas de la ville. Entre les buttes Montmartre et les buttes Chaumont, un duel d'artillerie est engagé et si les projectiles n'arrivent pas tous au but visé, les artilleurs des deux partis peuvent se dire que leur poudre n'est pas perdue, puisque obus et boîtes à mitraille vont mettre en bouillie dans quelque ruelle obscure des hommes, des femmes, des enfants, amis ou ennemis, avec une aveugle brutalité.

Je vois, dans l'après-midi, arriver un gros homme, cousin de l'un de mes cousins et par conséquent se réclamant de mon cousinage, en vertu de ce principe que les amis de nos amis sont nos amis.

Il a été, me raconte-t-il, décrété d'arrestation par le comité central, comme organisant la réaction. Et, en effet, il a voulu l'organiser, cette réaction; il a été du nombre de ceux qu'un ruban bleu indique comme défenseurs de l'ordre; il entr'ouvre tragiquement sa vareuse et me montre à sa ceinture un revolver d'ordonnance; il vient, vaincu sans combat me demander à passer la nuit en notre hospice, qui est lieu d'asile.

Et au millieu du trouble qui nous environne, des angoisses qu'il fait naître, c'est une lueur de gaîté que l'apparition de ce gros garçon, à la face rubiconde, communément commissionnaire en vins de Bordeaux et bon vivant, s'étudiant aux airs graves et confidentiels d'un conspirateur dont la combinaison avorte et dont la tête est mise à prix. Je l'envoie rejoindre dans les baraquements les collégiens de Sainte-Barbe et je lui donne l'assurance que personne ne l'y viendra inquiéter.

Un incident qui aurait pu devenir grave termine la journée.

Vers le soir, se présente à la porte de l'établissement une escouade de vétérans de la Commune; ils entrent; ils annoncent qu'ils viennent faire une perquisition pour saisir les armes cachées.

Je leur affirme qu'il n'y a pas d'armes de guerre à la Salpêtrière, tous ceux de nos hommes qui faisaient partie de la garde nationale et nous-mêmes ayant rendu notre fusil, dès le commencement de mars, après que tout a été fini avec les Prussiens.

Ils insistent ; ils prétendent que des fenêtres on a tiré sur les fédérés qui passaient sur le boulevard.

Nous n'avons entendu aucune détonation.

Ils s'entêtent.

— On a tiré avec des fusils à vent.

Je m'efforce d'être très grave et je leur affirme que l'on ne saurait sérieusement accuser nos bonnes vieilles de détenir des fusils à vent et de s'en servir pour ce criminel usage.

Nos vétérans se sentent, je crois, un peu ridicules. Fidèles à leur consigne, ils demandent toutefois à remplir leur mission jusqu'au bout. Nous les faisons entrer dans la grande cour; je leur montre les deux avenues au bout desquelles bâille l'arcade obscure conduisant dans la cour intérieure et je leur dis :

— Allez !...

Ce sont pour la plupart des vieillards, à la démarche un peu indécise, point rébarbatifs, mais l'air résolu à l'accomplissement du devoir accepté.

Je les suis dans leur marche. Au bout de l'avenue, le soir qui tombe, l'obscurité naissante sous les grands arbres, les vastes espaces déserts, et ce fond mystérieux des jardins dont on ne pénètre plus les profondeurs, paraissent attiédir leur zèle.

Les vieilles femmes prennent le frais sur les bancs des promenoirs. D'instant en instant, un des vétérans s'arrête, s'assied près d'elles, appuyé sur son fusil, et se met à bavarder tranquillement.

La troupe n'existe plus; il n'y a plus que des

unités isolées et il n'est plus question de perquisitions dans les dortoirs et dans les logements.

Cependant, au poste de la gare d'Orléans d'où les vieux sont partis, on s'inquiète de ne pas les voir revenir. Sans doute, le chef du poste s'imagine qu'ils sont tombés dans quelque guet-apens et que les silencieux « fusils à vent » les ont menés de vie à trépas, car il nous dépêche une nouvelle troupe de fédérés. Ceux-là appartiennent au corps des « vengeurs de Flourens ». Ce sont des jeunes gens commandés par un officier très excité, qui commence par parler de faire fusiller tout le monde.

On lui explique que les vétérans sont en conversation familière avec les administrées; il n'entend pas plaisanterie et se met à crier encore plus fort.

Passe le docteur Trélat, médecin de l'établissement. Il a vu les révolutions anciennes; il a été ministre en 1848; il est très blasé et très calme devant toutes les extravagances.

Et comme l'enragé vengeur de Flourens parle encore de fusiller tout réfractaire à ses ordres, le vieux docteur lui dit tranquillement :

— Taisez-vous donc! C'est vous qu'on devrait fusiller.

Fureur de l'officier qui saisit le vieillard au collet. Nous intervenons, nous raisonnons l'homme que ses compagnons d'ailleurs ne soutiennent que mollement. Les vétérans, revenus, assistent à cette brève algarade.

Et l'un d'eux à qui je dis :

— Qu'est-ce que vous pensez de tout ça, vous? me répond en haussant les épaules.

— Ah! tenez! tout ça, citoyen, c'est de la m...!

Et sur cette moralité, tous s'en vont, vieux et jeunes, sans plus ample informé.

Ce n'est pas fini. A peine suis-je remonté chez moi que l'on m'apporte cette nouvelle :

— On vient d'arrêter M. le directeur.

— Pourquoi?

— On ne sait pas. Ils l'ont pris à la porte et l'ont emmené.

Je vais jusqu'à l'infirmerie où je sais trouver deux hommes sûrs. J'envoie l'un au commissariat de la rue Esquirol, l'autre au commissariat du boulevard de la Gare, et je pars moi-même en reconnaissance dans le quartier.

Personne n'a rien vu ; une heure se passe. En désespoir de cause, je retourne à l'hospice ; je dis que l'on m'envoie mes deux messagers dès qu'ils rentreront. Et comme je passe devant la porte du directeur, j'entends les sons du piano! Ce sont les filles du directeur de Sainte-Barbe qui charment leur solitude en faisant tranquillement un peu de musique. Heureux âge ! Sur mes pas, le directeur arrive. Je l'interroge anxieusement.

— Ce n'était rien, me dit-il, avec son bon flegme anglais. Ils m'ont conduit devant le commissaire spécial de la gare d'Orléans.

— Que voulaient-ils ?

— Je n'en sais rien ; ils n'ont pu me le dire. Le commissaire a parlé d'une erreur. Alors je l'ai prié de me laisser retourner à mes affaires et me voilà !

Il me serre la main. Je remonte chez moi, tandis que le piano continue son vacarme.

Des lueurs sinistres se multiplient sur la rive droite de la Seine.

Il faudra rester debout cette nuit, ou du moins dormir une heure ou deux, tout habillé, en prévision d'une alerte.

* *

25 mai. — Paris brûle. Journée de bataille autour de nous. — Paris brûle ! Dans l'immense cercle de l'horizon devant nous, la ville sombre se couronne d'une crinière de feu. A travers le rideau noir des fumées, les flammes se tordent, montent en rouges panaches, rampent sur les toitures ; et vers le haut du ciel partent des milliers d'étincelles, quand quelque bâtiment s'effondre dans les braises incandescentes. Les charpentes embrasées de l'Hôtel de Ville sautent comme projetées par quelque explosion, font, pendant une seconde, une barre sanglante sur la nuée et retombent dans la fournaise.

Hier et au commencement de la nuit, il n'y avait que des foyers ; maintenant l'incendie est général. De notre gauche, masquée par la montagne Sainte-Geneviève, à notre droite où se découvrent les hauteurs de Charonne et de Belleville, le feu cerne Paris.

Étant enfant, un vieil almanach m'était tombé entre les mains, qui m'avait beaucoup frappé. J'y avais lu une prédiction annonçant que Paris serait détruit par le feu. Cette vision terrifiante de Paris en flammes, des habitants affolés s'enfuyant à travers les décombres, de cette sombre nuée, grosse d'épouvante, planant sur la cité, tout cela m'avait laissé dans l'esprit un trouble qui y était demeuré jusqu'à l'âge d'homme. De temps en temps, je revoyais les lignes de la funeste prophétie ; l'image de la ville anéantie hantait mon cerveau et c'était quelque chose de terrible, comme la fin du monde, sous une pluie ardente, impitoyable.

Eh bien, cette vision de l'Apocalypse, la voilà qui se réalise ! Où s'arrêtera la flamme ? Que n'aura-t-elle pas dévoré demain ?

Le grand jour venu, les spectres et les conceptions

nocturnes perdent de leur horreur. La lueur de la flamme se fond dans la lumière du radieux soleil. On voit moins la réalité du désastre. Et pourtant d'autres fumées s'élèvent, d'autres incendies commencent.

La vie active reprend son cours et fait dériver mes idées vers les exigences présentes. Comme de coutume, les employés s'asseyent à leur bureau pour expédier la besogne quotidienne. L'administration poursuit avec impassibilité le cours de ses agissements, disons-nous, en essayant encore de plaisanter un peu. Admirable privilège des institutions modestes que n'atteignent pas les révolutions et qui restent supérieures à toute politique! Les plumes vont leur train mécanique, les chiffres jouent et s'accordent non moins machinalement; les esprits sont loin; ils sont dans Paris; ils se tendent vers l'événement qu'ils sentent prochain.

Par les fenêtres grillées du bureau de la direction, nous voyons le boulevard de l'Hôpital absolument désert. Pas une âme! Pas une boutique ouverte! Le calme et le silence lourds qui précèdent l'ouragan.

Bientôt quelques camions de la Compagnie d'Orléans descendent de la place d'Italie vers la gare. Leurs larges roues ferrées sur le pavé retentissant font un bruit qui détonne dans cette torpeur des choses.

Enfin, un homme paraît sur l'esplanade, devant l'hospice dont la lourde porte est fermée. Il vient, il sonne, se fait ouvrir et arrive jusqu'à moi, très troublé, la parole entrecoupée.

— Monsieur, me dit-il, des gens veulent incendier la gare d'Orléans. Ils sont dans la loge du concierge; ils amènent du pétrole. Pouvez-vous me prêter une pompe et des hommes pour combattre l'incendie?

— Empêchez-le d'abord, l'incendie!

— Comment faire?

— Combien sont-ils, les gens qui veulent mettre le feu chez vous?

— Huit ou dix!

— Eh bien, nous venons de voir rentrer à la gare plusieurs de vos charretiers. Réunissez-les. Ils sont solides et dévoués, je pense.

— Certainement.

— Alors, faites-les taper sur vos incendiaires. Défendez-vous!

— Oh! dit-il piteusement, ce n'est pas possible.

— Qu'êtes-vous à la gare d'Orléans?

— Le conservateur des bâtiments!

— Vous ne prenez pas le chemin pour les conserver. Nous ne pouvons vous prêter de pompe. Nous avons nous-mêmes des mesures de conservation à prendre pour nos bâtiments, pour notre population hospitalière. Retournez donc à la gare, parlementez, raisonnez. Il n'y a que ça à faire, puisque vous ne voulez pas résister.

Le pauvre homme tout piteux se résigne. Il va s'en aller, quand la venue d'une compagnie de fédérés le rejette instinctivement parmi nous où finalement il reste, ce qui est une solution, au moins pour lui.

La compagnie descend de la place d'Italie, se dirigeant vers la gare d'Orléans, comme tout à l'heure les charretiers. Une cantinière marche en tête à côté du capitaine. Les hommes suivent en bon ordre, d'un pas modéré, comme défilant à la parade; ils ne savent donc rien ! Derrière le gros de la troupe roule un omnibus, escorté de quelques fédérés. Il est chargé, sur l'impériale, de plusieurs tonneaux et barils. Est-ce du pétrole, est-ce du vin qu'ils voiturent ainsi ? Nous ne le saurons pas.

A peine le dernier homme a-t-il disparu à nos yeux depuis une demi-minute qu'une vive fusillade éclate, un feu de bataillon, entre le Jardin des Plantes et la gare d'Orléans. Il n'est pas nécessaire d'y aller voir pour comprendre que la compagnie vient d'être prise en flanc par une double décharge des troupes de ligne. Les événements vont maintenant aller très vite. La bataille commence autour de nous et nous avons la crainte qu'elle se poursuive sur notre terrain même, ce qu'il faut à tout prix éviter.

La compagnie ainsi surprise s'est débandée. Des fédérés reviennent, un à un, en courant, leur fusil à la main ; aux fenêtres de notre bureau, ils frappent, demandant à entrer dans l'établissement. Le devoir est de ne le point permettre.

— Non, leur est-il dit, c'est impossible; l'hospice doit rester clos aux combattants, aussi bien à vous qu'à ceux de Versailles. Allez plus loin ; regagnez vos quartiers.

Ils repartent, rasant les murs, disparaissent à l'angle de l'enceinte, remontent sans doute vers la place d'Italie, où il y a, dit-on, une forte barricade.

Une grêle de balles les suit, sonnant sur la lourde porte de l'hospice, sans que nous puissions voir encore ceux qui ont tiré.

Presque au même moment, un obus arrive, éclate devant notre fenêtre, sous un tonneau d'arrosage plein, qu'il crève et dont l'eau s'échappe à gros bouillons. Personne n'est touché, pas une vitre ne craque; on rit; le moment n'est pas drôle tout de même.

Sur la crête du mur qui sépare notre esplanade de la cour de la gare, voici que des points noirs paraissent, des têtes inquiètes d'abord, ensuite des corps pelotonnés, grimpant, escaladant comme des chats, mais prudemment se terrant, aussitôt sur pied. Nous les prenons d'abord pour des fédérés en retraite, comme les précédents. Pas du tout! Ce sont des soldats de l'infanterie de marine et des lignards ; ils sont arrivés sur la gare d'Orléans en suivant les voies ferrées et avec la troupe déjà réunie au Jardin des Plantes, ils ont formé cette tenaille entre les branches de laquelle sont venus se faire prendre les fédérés.

Ils passent devant nous, tantôt debout, tantôt rampants. De l'autre côté du boulevard, des fantassins s'avancent avec les mêmes précautions : la fusillade intermittente s'engage entre eux et les défenseurs de la Commune tirant du haut du boulevard, et qu'on ne voit pas.

Deux hommes sont blessés et viennent, l'un traînant la jambe, l'autre soutenu par un camarade réclamer des soins à la Salpêtrière. Aux blessés on peut ouvrir ; on les reçoit, on les dirige sur l'ambulance.

Un serviteur accourt du fond de l'établissement ; il annonce qu'une troupe armée veut escalader le mur d'enceinte du côté de la voie d'Orléans. L'un de nous offre au directeur d'aller planter là le drapeau blanc à croix rouge, pour que la neutralité de l'hospice soit respectée. Il part. Son expédition, très courageusement entreprise au milieu des balles qui commencent à siffler de tous les côtés, demeure inutile.

Le directeur. qui s'est porté de son côté à la découverte, s'est trouvé en présence d'une compagnie de ligne, qui d'un coup de dynamite s'est ouvert une brèche dans notre mur. Il parlemente avec les officiers; il veut, selon la règle, s'opposer à l'entrée des soldats. On ne l'écoute pas. On passe outre. Les soldats se répandent dans l'établissement, fouillent tous les coins et le directeur les abandonne à leur œuvre, déclinant toute responsabilité pour la suite de ce qui va se passer.

Il revient alors au bureau et me dit :

— Vous allez rester ici avec moi, toute la journée. Nous ne sommes plus maîtres de la maison. Veillons seulement sur l'entrée; soyons prêts à tout événement.

On va nous chercher du pain, du vin, de la viande froide et nous nous mettons à déjeuner sur le pouce au milieu de cette bagarre.

De minute en minute, des obus nous arrivent ricochant sur les pavés, quelquefois sans éclater, pour aller s'enfoncer dans la terre molle des pelouses; des boîtes à mitraille éparpillent dans les massifs des projectiles de toute sorte. Les balles sifflent. Et cet ouragan de fer et de plomb nous vient de partout.

Nous sommes à la bonne place pour tout voir et même pour tout recevoir. Le feu pourtant nous épargne; un obus troue le mur d'un logement au-dessus de nous, des éclats battent la muraille épaisse du rez-de-chaussée où nous sommes, mais ne l'entament pas.

L'économe, malgré les projectiles, vient de chez lui par la grande allée. Au beau milieu, un obus le frise. Il fait un saut formidable et nous arrive tout courant. Il a un grand mac-farlane dont la pèlerine s'enlève dans la vigueur du saut. Il a ainsi l'air tout à fait d'un gros oiseau qui s'envole.

Une bonne vieille, probablement sourde, va au milieu de cette tourmente s'asseoir en pleine cour sur un banc à l'ombre, pour tricoter son bas. Elle poursuit lentement son travail, tandis que les projectiles pleuvent autour d'elle. On lui crie de s'en aller; elle ne bouge pas. Enfin, elle voit les gestes qui accompagnent les cris et sans bien comprendre évidemment, d'instinct docile, elle s'en retourne à son dortoir du même pas tranquille.

On entend du côté du boulevard de la Gare une vive fusillade et le déchirement des mitrailleuses. Deux officiers entrent au bureau et demandent le plan de l'hôpital. Ils s'orientent. Il s'agit d'aller prendre à revers la barricade, qui est vers la place Jeanne-d'Arc.

Le tapage continue. Un gros obus, venant de quelque batterie du côté de la Bastille, traverse le toit au-dessus du pavillon du directeur, où est mon logis. Un brave garçon veut bien aller chez moi dire que l'on applique des matelas aux fenêtres, ma femme n'ayant pas voulu se mettre à l'abri dans les caves très vastes de l'établissement, comme l'ont fait la plupart des familles et tous ceux que leur service ne retenait pas au dehors.

Le toit fume. Je crois à un commencement d'incendie; ce n'est que la poussière soulevée par le bris des solives, des plâtras et des tuiles. L'obus a bien traversé le comble; il a éclaté au beau milieu du petit marché, installé à droite de la première cour, heureusement sans blesser personne. Ainsi dit mon messager, promptement de retour, car ça chauffe, là dehors, et il a gagné d'arbre en arbre pour revenir.

Maintenant, nous ne comptons plus les détonations. Nous avons constaté l'arrivée d'une centaine d'obus; il faut nous en tenir là, car la nuit vient sans que le feu cesse. C'est là-bas dans le coin, entre la salle à manger du directeur et son jardin, qu'est le rendez-vous des projectiles. Ils y pleuvent.

Il faut pourtant rentrer. Il semble que les décharges se font plus rares. Je reprends le chemin du logis. C'est une traversée d'une centaine de mètres à faire à découvert. Et je ne sais pourquoi je m'avise de marcher à petits pas, comme pour me mettre en garde contre quelque obstacle invisible, sans songer que les balles qui sifflent encore suivent mathématiquement leur trajet et que l'obstacle devant elles, c'est nous.

Chez moi, il n'y a point de matelas aux fenêtres. Ma femme n'a pas tenu compte de mes recommandations. Elle me dit, avec un beau calme, qu'un matelas devant une fenêtre ne peut rien contre un obus, et que c'est ennuyeux de demeurer dans l'obscurité par un beau temps pareil.

Enfin, c'est passé! Et il est probable que c'est fini, au moins pour nous, si la nuit ne doit pas nous apporter quelque désagréable surprise. Tout est à craindre. On a amené vers le soir quelques fédérés blessés. Ils sont à l'ambulance.

L'un d'eux, qui était évanoui, revenu à lui, a demandé où il était.

— A la Salpêtrière.

— Tiens, a-t-il dit, elle n'est donc pas brûlée! Je croyais que c'était fait.

*
* *

26 mai. Au lycée Corneille. — J'ai passé aujourd'hui ce qu'on peut appeler un mauvais quart d'heure.

Après cette journée émouvante, la nuit a été relativement paisible. Nous avons campé dans le couloir de l'appartement, sur des matelas, mieux abrités contre les obus par les gros murs de la vieille bâtisse, que nous ne l'aurions été dans le salon et dans les chambres. Des détonations sont de temps en temps venues nous secouer dans notre abri; le sommeil brusquement interrompu reprenait, bientôt, la fatigue aidant, plus profond et plus lourd. J'étais dans cette délicieuse béatitude qui précède le moment du réveil, ayant tout oublié, les fédérés, les Versaillais, la Commune, les Prussiens, la bataille de la veille, l'inquiétude persistante du jour, quand, par une porte ouverte, des rais de lumière m'ont frappé en plein visage.

Et nous voilà tous debout, grands et petits, la figure un peu pâlotte, les membres brisés, mais heureux de vivre, très remis en train par l'air frais, le beau soleil et les oiseaux qui chantent en se poursuivant dans les arbres au-dessous de nous.

Je descends chez le directeur. Il est déjà parti; on ne peut me dire où il est allé. Il s'est mis sans doute en quête des chefs de l'administration qui doivent être rentrés à Paris, à la suite des troupes.

Au bureau, les collègues et les camarades sont réunis, échangeant des nouvelles. Quelques-uns sortent des caves, blancs comme des champignons de couche. Ils y ont passé la nuit, sans dormir, l'oreille au guet, dans l'attente de quelque formidable événement. « On les blague » et ils se fâchent, ils deviennent très belliqueux, maintenant que le jour a dissipé les visions nocturnes.

A ce moment, on vient me demander une voiture à bras pour enlever des corps qui sont entassés là, au coin de l'esplanade, au tournant du boulevard de l'Hôpital. Je m'informe. Ce sont les vétérans d'avant-hier. Il y en a dix-sept que, à la première rencontre, dans la gare d'Orléans, les troupes ont fusillés. Je revois les vieux, venus chez nous, pour cette fameuse perquisition, puis s'égrenant le long des promenoirs, pour bavarder avec les vieilles, et finalement disparaissant, sans avoir peut-être même bien compris ce qu'ils étaient venus faire, sur quelque ordre vague, donné par quelque chef inconnu, comme nous l'avons constaté, déjà si souvent.

Ils sont restés au poste de la gare à fumer leur pipe, sans se douter du danger imminent et mortel. Et les voilà maintenant empilés au pied du mur, la poitrine trouée de balles. On voudrait cette voiture pour les emporter, là où tant d'autres les attendent.

Nous n'avons point de voitures disponibles. Il faut passer outre, sans s'émouvoir autrement. D'autres soins nous réclament.

Au rapport journalier, rien d'extraordinaire. Les élèves de Sainte-Barbe, que nous avons recueillis, sont restés en grande partie dans les baraquements et pas un projectile n'a percé leur mince toit de planches, tandis que les bâtiments sont pleins d'éraflures de balles, d'écornures et de trous d'obus. A travers les toits, le jour passe, indiquant le trajet des projectiles, et on ramasse, le long des acacias de la grande cour, des lingots de plomb et des éclats de mitraille. Nous avons été servis hier de tous les côtés à la fois par les fédérés et la troupe, dans cet écheveau de canonnade et de fusillade qui s'est embrouillé au-dessus de nous. Nous étions comme le client entre deux cochers qui se battent : le plus clair des coups de fouet était pour nous.

Les bonnes vieilles mamans n'y ont vu que du feu, c'est le cas de le dire. Aucune, heureusement, n'a eu la moindre égratignure. Mais on nous a tué un homme, à l'annexe de la rue Jenner. On le portait à l'infirmerie sur un brancard, quand l'a frappé un coup de feu tiré d'une des fenêtres de la rue plongeant dans la cour.

Pourquoi? Qui pourrait le dire? On ne se battait plus de ce côté. Quelque vengeance? Quelque fanfaronnade? Quelque coup de colère d'un désespéré? On n'a pas trouvé le coupable. Et, il faut bien l'avouer, l'événement a paru tout petit, au milieu de cette lutte horrible, de ce massacre, de tout ce sang versé autour de nous.

Les nouvelles de l'intérieur commencent à nous venir, vagues, imprécises. La liste des incendies se complète, et la confirmation, là, est facile; elle s'écrit sur le ciel en fumées claires ou noires, suivant que la combustion est plus ou moins avancée. On dit qu'on a fusillé l'archevêque, avec d'autres otages, à la Roquette. On donne sur la répression de terrifiants détails : des hommes, des femmes, des enfants passés par les armes, tués à bout portant, à coups de revolver. Un garçon boulanger qui allait livrer son pain et qui, mêlé par hasard à quelques prisonniers fédérés, a été collé au mur malgré ses protestations et ses cris. Nous ne croyons guère à tout cela. C'est sans doute une fantaisie dans l'horrible. Nous en avons bien assez vu hier, et il nous semble qu'il n'est pas besoin d'en imaginer plus.

Midi. — Il faut aller déjeuner. Le directeur n'est toujours pas rentré. Nous finissons par savoir qu'il a dû aller aux nouvelles du côté du Panthéon, au lycée Corneille — c'est le nom actuel de l'ancien lycée Henri IV — où ont été recueillis les pensionnaires de l'hospice des Ménages, délogés de l'établissement par le bombardement dirigé par l'artillerie de Versailles contre le fort d'Issy, dont il est voisin.

La bataille continue toujours du côté de la Bastille et surtout de Charonne, mais le bruit va s'éloignant et il n'y a plus dans nos alentours que quelques coups de canon, quelque crépitement de mitrailleuse et, de loin en loin, un coup de feu, une balle sifflant encore dans la cour, venant on ne sait d'où, discutable avantage des armes à longue portée.

Comme j'achevais de déjeuner tranquillement, un exprès m'arrive avec un billet du directeur :

Collège Corneille, ancien lycée Napoléon.
26 mai.

« Je vous invite, au nom de l'Administration, à venir prendre possession de la direction intérimaire des Ménages.

» Je vous attends ici. »

Je me munis de ma carte de circulation indiquant que j'appartiens à l'administration. Elle est bien en règle, trop en règle même, car aux estampilles officielles s'ajoute le cachet rouge de la Commune qu'il a fallu y faire apposer pour qu'elle reste valable pendant ces dernières semaines; au reste, je n'ai jamais eu à m'en servir. Je ne me doute pas à ce moment qu'elle est parfaitement dangereuse pour celui qui la porte.

Je vais m'en douter bientôt, quand viendra le mauvais quart d'heure que j'ai noté à la première ligne de mes impressions de ce jour.

Au bas du perron, m'attendait la voiture du doc

teur Trélat, mise à ma disposition pour me rendre à mon nouveau poste. Le cocher m'explique qu'à cause des barricades encore debout, nous ne pouvons passer par les rues derrière le Jardin des Plantes, ce qui serait le chemin le plus court, et que nous devons prendre le boulevard de Port-Royal jusqu'au carrefour de l'Observatoire, descendre le boulevard Saint-Michel jusqu'à la rue Soufflot et arriver par cette rue au Panthéon, derrière lequel est le lycée.

La route est toute ravinée de fossés transversaux, que la voiture franchit tant bien que mal, me secouant de cahots et de heurts, à des obstacles qui se multiplient. Les boutiques sont closes, sauf celles de certains marchands de vin, timidement entre-bâillées, guettant quelque aubaine. Une désolation morne est dans ces grandes voies désertes, habituellement si vivantes et si gaies.

Nous arrivons. Au même instant, éclate dans les cours un obus dont on m'apporte bientôt les fragments en me faisant remarquer qu'ils dégagent une forte odeur de pétrole. J'ai été jusqu'ici assez incrédule au sujet des obus à pétrole. On les a d'abord mis à la charge de l'armée : on a dit que c'était par ces projectiles que les incendies avaient été allumées ! Hélas ! le doute n'est plus possible sur ce point. Les incendies, pour la plupart, ont été volontaires. L'histoire, quelque jour, fera l'enquête et tâchera d'en expliquer la vraie ou apparente raison.

Le directeur me dit très vite :

— La Commune avait placé ici un directeur et un économe. Le directeur est là. Vous allez le voir et lui reprendre le service. Remettez tout dans l'ordre normal autant que possible, et ne quittez pas votre homme. Il peut vous jouer quelque tour.

Cela dit, il me présente au fonctionnaire nommé par la Commune et retourne à la Salpêtrière, où son déjeuner l'attend au moins depuis deux heures.

Le directeur provisoire des Ménages est un gros homme, en redingote noire, coiffé d'un chapeau haut de forme à larges ailes. Il me fait, au premier abord, l'effet d'un comédien de province, ou plutôt d'un régisseur ayant autrefois joué la comédie. Il parle avec quelque solennité, ne manque pas toutefois de bonhomie. Il n'est point l'homme que je croyais : c'est un ancien gardien de parc d'artillerie; il m'explique cela tout de suite; il ajoute qu'il a accepté les fonctions de directeur de l'hospice des Ménages parce que des amis « qui sont quelque chose » dans la Commune les lui ont offertes, et qu'il a bien fallu vivre, pendant ces quelques semaines.

— Je n'y tiens pas à ces fonctions, conclut-il, je comprends fort bien que l'administration régulière reprenne ses droits et je suis prêt à vous remettre le service. Venez d'abord; je vais vous faire visiter la maison; vous allez voir que tout est tenu avec soin.

Le personnel est autour de nous, dans une grande agitation. Il y a d'anciens serviteurs, le commissionnaire, le garde-magasin que je reconnais, et qui me saluent familièrement. Il y a aussi beaucoup de surveillants et de filles de service de récente nomination; une surveillante m'est signalée comme surveillante générale. Grande, forte, c'est ce qu'on appelle dans notre Dauphiné un beau corps de femme, la parole abondante et prompte, l'air entendu. Elle se présente elle-même et s'explique : c'est elle qui « fait tout » dans la maison. Je ne me permets pas d'en douter et je suis mon conducteur qui m'entraîne dans les sous-sols, aux cuisines et aux magasins. Les magasins sont bien garnis; la cuisine sent bon.

— Maintenant, dit-il, d'un air soudainement très grave, vous allez voir.

Il me fait entrer dans une salle basse voûtée.

Là, sur des tables sont étendus quelques cadavres, enveloppés de draps blancs. C'est la salle des morts, soldats ou fédérés, couchés côte à côte dans la suprême paix et confondus sous le même uniforme funèbre.

Le doigt de mon guide me montre une table en pleine lumière sous le soupirail.

Là, sans linceul, encore tout vêtu de son uniforme, est un officier de la ligne, très jeune. Le visage, de cire, ombré d'une petite moustache noire, est très calme. Il semble dormir d'un sommeil d'enfant. Au creux de la poitrine, le gilet à petits boutons entr'ouvert laisse passer un bouffant de chemise tout rouge et tout poisseux de sang.

— Tué à l'attaque de la barricade du Panthéon, me dit mon homme. Vous voyez comme j'en ai eu soin, comme on l'a bien arrangé. C'est un officier, il n'aurait pas fallu le traiter comme les autres. On peut le réclamer, allez, je ne crains pas le moindre reproche.

C'est très convenable. Il n'y a rien à dire; mais j'ai hâte de sortir de ce lieu sinistre.

— Allons, dis-je, montons, occupons-nous des vivants.

Je ne sais comment nommer le directeur sortant. Il me dit qu'il s'appelle Morand ou Moreau. Va pour Moreau. Le nom est courant d'ailleurs et cache son homme presque mieux qu'un pseudonyme.

A la suite de Moreau, qui n'a rien fait jusqu'ici pour me laisser douter de sa bonne foi et me semble agir le plus naturellement du monde, j'arrive au cabinet du proviseur dont il a fait le sien.

Nous sommes seuls. Je prends possession du fauteuil directorial et me mets en devoir de faire ce que nous appelons le mouvement journalier, lequel se base sur la population constatée le matin, c'est-à-dire régulièrement à minuit.

J'interroge; il répond avec une naïveté qui met quelque gaîté dans cette importante rencontre des pouvoirs acquis et des pouvoirs usurpés.

— Voyons, dis-je, il faut savoir tout d'abord quelle est votre population ?

— Ma population ?

— Oui, le chiffre de vos administrés. Celui de vos serviteurs ou employés logés. Combien d'hommes ? Combien de femmes ?

— Ah ! çà, ma foi ! je n'en sais rien.

Puis, tout à coup illuminé :

— Attendez ! Nous allons le connaître, le chiffre de la population ! Nous allons voir le livre du blanchisseur. Autant de paires de draps sales sur ce livre, autant de personnes présentes dans l'établissement. C'est bien clair, hein !

— C'est peut-être clair et même ingénieux, mais l'administration ne saurait se contenter d'un tel renseignement. Il va falloir que nous fassions l'appel nominal de tous vos administrés ou serviteurs. Après, nous pourrons marcher.

Nous en sommes là de nos explications, quand, à la porte du cabinet où nous échangions bien tranquillement nos notions, retentissent des voix; des crosses de fusil sonnent sur le parquet. On cogne rudement à la porte. Je me lève, assez surpris, je vais ouvrir; et c'est ici que mon mauvais quart d'heure commence.

Un sergent de chasseurs à pied entre, suivi de quelques soldats, l'air rageur, et me plante tranquillement sa baïonnette sur la poitrine.

— Halte !

Je m'arrête, et pour cause.

— Le directeur? où est le directeur? demande le sergent en relevant son arme.

— Le directeur, c'est moi, depuis cinq minutes tout au moins.

— Ah! c'est vous le directeur. Bien!...

— Depuis cinq minutes, je vous dis.

Je veux exhiber ma carte de circulation; je comprends heureusement alors quel danger il peut y avoir à étaler ses multiples timbres, et je me borne à ajouter :

— Qu'est-ce que vous voulez? Pourquoi entrez-vous ici sans ordre ?

— Des ordres? Vous allez voir. Empoignez-le.

— Voyons, mon ami, est-ce que vous vous moquez de moi?

— Je ne suis pas votre ami. Allons, empoignez-le et descendez-le dans la cour.

— Pour quoi faire ?

— Vous allez le voir, je vous dis. Ce ne sera pas long.

Alors, je comprends ! L'histoire des fusillades sommaires me frappe. Puis les petits soldats, avec de bons yeux effarés, me regardent singulièrement. Ils ont l'air de me dire : Qu'est-ce que vous voulez ? C'est comme ça. Pas moyen de faire autrement.

On me prend pour l'usurpateur et on va me fusiller.

J'empoigne le sergent aux épaules ; je le secoue un peu.

— Ah çà ! voyons, c'est de la folie ! Où est votre officier ? Je veux parler à votre officier.

Et l'autre, entêté comme un Breton qu'il est, je l'ai su depuis :

— C'est bien ! Descendez-le.

Cela se passait dans un couloir assez étroit. Nous étions tous serrés les uns contre les autres. Je crois bien que si le sergent ou les soldats avaient pu prendre du champ, la chose eût été terminée à l'instant même, d'un coup de chassepot. Mais une foule de curieux grossissait derrière les soldats et les retenait.

— Allons ! Houp ! criait l'obstiné sergent.

— Descendons ! dis-je tout à coup, abandonnant la résistance.

Un moment, j'ai eu la pensée que tout était dit ;

j'ai entrevu la résignation inévitable. J'ai eu cette impression d'un homme qu'on va exécuter immédiatement, sans recours possible. Il y a eu dans mon cerveau un afflux de pensées, se détruisant les unes les autres. Une seule a prédominé : la vision rapide des êtres chers qui m'attendaient au logis, et une voix s'est élevée en moi, très distincte, disant : Comment va-t-on leur apprendre ça ?

En cette suprême minute, j'ai machinalement marché vers l'escalier au milieu des soldats, le sergent en tête. Tout à coup, j'ai vu la figure effarée de mon garde-magasin sortir de la foule. Il gesticulait vers le sergent et on voyait qu'il parlait avec animation, en me désignant du geste ; mais on ne l'entendait pas plus que s'il eût été muet, ayant alors une des plus belles extinctions de voix que j'aie jamais constatées.

Cette intervention d'un brave homme complètement aphone n'aurait pas changé sans doute le cours de l'événement, si le visage pâle du directeur titulaire des Ménages et celui de son économe dont je remplissais alors les doubles fonctions, n'étaient soudainement apparus.

— Eh ! ce n'est pas celui-là ! crie le représentant de l'administration en me montrant au sergent.

Fureur du sergent qui me lâche, se jette sur le nouveau venu et le secoue comme un prunier.

— Comment! ce n'est pas celui-là! Vous m'envoyez pour le fusiller et puis ce n'est pas celui-là! Alors c'est vous que je devrais fusiller! Où est l'autre? où est le vrai?

Mon mauvais quart d'heure est fini. Au drame entrevu succède pour quelques instants encore le vaudeville.

On cherche Moreau. Il a disparu. Par où? Le sergent et ses hommes rentrent dans le cabinet du proviseur. Il est vide. On va poursuivre la perquisition, quand tout à coup une porte s'ouvre. Moreau paraît. Il fait une entrée théâtrale qui justifie ma première impression à son sujet. La taille cambrée, la tête rejetée en arrière, il saisit les larges bords de son chapeau et se décoiffe d'un revers de main, à la mousquetaire, puis, d'un ton très majestueux :

— Me voilà, messieurs! que me voulez-vous?

En un clin d'œil, il est saisi, emmené. Toutefois, le quiproquo de tout à l'heure a rendu le sergent plus circonspect. Il ne s'agit plus de fusiller séance tenante le directeur, troisième du titre en me comptant. On l'emmène au poste du Panthéon, où le commandant du bataillon de chasseurs siège en permanence et va sans doute mieux comprendre que le sergent qu'il ne s'agit point ici d'un homme pris les armes à la main.

Je veux toutefois en avoir le cœur net, savoir pourquoi on se permet d'envahir en armes une maison paisible. J'apprends que tout à l'heure le sergent a essuyé un coup de revolver dans la pièce voisine. Qui l'a tiré? On n'en sait rien comme toujours; mais voilà sa première fureur expliquée.

Pour le reste, l'explication est bien simple. Le directeur titulaire, sans savoir que j'avais reçu mission de prendre la direction provisoire de l'hôpital, est allé trouver le général de Cissey et en a obtenu l'ordre nécessaire pour faire prompte justice de ceux qui se sont emparés de ses fonctions. Il vient d'arriver avec le fameux sergent; seulement, au lieu de se mettre à la tête de la petite troupe, il s'est mis prudemment à la queue. Et voilà ce qui a failli me coûter la peau!

Du reste, il n'a pas la main heureuse en cette expédition. Dès la première minute, il a fait arrêter un vieux professeur resté au lycée, un homme à cheveux blancs, M. Robin, je crois, le censeur des études. Je vois ce dernier encore tout blême, tout tremblant d'une alerte qui va lui coûter une jaunisse pour sûr, me disent les gens de la maison qui le connaissent pour un être inoffensif et bon.

Quatre ou cinq autres personnes, des serviteurs, sont ainsi arrêtés sur l'ordre du fonctionnaire, dont je trouve l'intervention intempestive. Je le lui dis nettement, et je le prie de se retirer jusqu'à ce qu'on me relève de mes fonctions provisoires. Nous échangeons quelques mots assez vifs, et j'avoue que je ne mesure guère mes termes ; il s'en va, tandis que son économe, formaliste admirable, court comme un rat empoisonné au milieu du désordre des gens et des choses, répétant à tout venant : « Mon journal de caisse ! qui a vu mon journal de caisse ! Je veux mon journal de caisse ! »

Je le calme. D'abord il n'y a pas de caisse. Et puis ce n'est pas encore le moment de gratter du papier ! Il s'en va à la suite de son directeur. Il est profondément navré. On me dit que c'est lui qui a emporté à Versailles la caisse et les titres de l'administration cachés parmi des sacs de pommes de terre. Il va avoir de l'avancement.

La place libre, je donne du travail à mon monde ; je prends le commissionnaire et le garde-magasin aphone pour auxiliaires. S'il ne parle pas, il écrit. Je leur associe deux sous-employés de la Salpêtrière qui sont venus me rejoindre, et je pars pour aller parler à l'officier supérieur, général ou colonel, qui commande au Panthéon, protester — naïf que je suis — contre la violation de domicile dont j'ai failli être la victime et surtout savoir ce qu'on a fait de maître Moreau.

Il y a peu de passants sur la place du Panthéon,

encore toute chaude de la bataille, pleine de débris, de flaques rougeâtres et d'où semble monter un souffle de terreur.

A la porte de la mairie, une foule se presse. Suivant un ordre rigoureux, on y apporte toutes les armes trouvées abandonnées ou laissées dans les maisons. Il y a de tout, en dehors des fusils, des baïonnettes et des sabres, successivement en usage dans l'armée et dans la garde nationale, jusqu'à des fusils à piston, jusqu'à des fusils à pierre, jusqu'à des coupe-choux et des briquets. A cette collection réglementaire se mêlent de vieux pistolets, des carabines anciennes, des tromblons, des armes de collection parfaitement inoffensives, qu'un zèle doublé de crainte a fait porter hors des maisons, ou rendre volontairement par leurs possesseurs.

Dans la cour, ces armes jetées pêle-mêle font un monceau tout hérissé de baïonnettes. Comme je passe dans cette cour, on m'appelle :

— M'sieu! m'sieu!

C'est un serviteur de l'hospice qu'on a arrêté et enfermé dans un cabinet sous bonne garde. Sa tête passe par une échancrure carrée dans le bois de la porte, et il me fait des signes désespérés; je m'approche, j'écoute ses doléances et les transmets à un officier qui prend note.

Puis j'entre dans le prétoire. Il y a là beaucoup de

monde et surtout des officiers volontaires de l'armée de Versailles portant au képi, comme signe de ralliement, un bandeau blanc.

Au fond, derrière une haie de soldats, le commandant du bataillon de chasseurs, assis tout seul à une petite table, interroge et juge sommairement des prisonniers qu'on lui amène un à un.

J'aperçois alors devant lui, le chapeau à la main, le front ruisselant de grosses gouttes de sueur et, comme on dit, n'en menant pas large, mon prédécesseur de tout à l'heure. On raconte autour de moi qu'il est accusé d'avoir mis des canons en batterie à Issy, il y a quelques jours, pour faire tirer sur les troupes, après avoir dépossédé le directeur titulaire, à la requête duquel il vient d'être arrêté, après reconnaissance du quiproquo dont j'ai été l'objet.

Un officier de haute taille, paraissant avoir de l'influence et que je prends pour un colonel, sans bien reconnaître son uniforme spécial, est près de moi ; je l'interroge au sujet de Moreau, je lui explique dans quelles conditions il a été arrêté, au moment où il me rendait tranquillement ses comptes.

— Eh bien, me conseille-t-il, dites vite tout cela au commandant qui juge votre homme, car je vous préviens qu'on va le fusiller.

Grâce à sa complaisance, je puis approcher du

commandant auquel il a dit un mot. Le commandant me regarde d'un air assez bourru. Il m'écoute pourtant. Enfin, après un dernier regard peu rassurant à Moreau, il se prononce :

— Affaire civile, dit-il. A réserver.

On emmène Moreau. On le jugera plus tard, comme prévenu d'usurpation de fonctions. Quant au fait d'avoir pris part à la résistance contre Versailles, on verra... Ce n'est pas encore bien rassurant ; enfin, c'est la vie sauve pour le moment.

J'ai voulu profiter de la rencontre pour protester contre l'invasion de soldats sans mandat régulier dans notre pacifique établissement du lycée Corneille. J'ai peu de succès.

— Régulier! régulier! ronronne le commandant. Si vous croyez que nous pouvons procéder régulièrement!

Il faut me le tenir pour dit. A cet instant et comme je vais me retirer, un de mes auxiliaires arrive et me fait tenir une instruction de l'administration qui vient de se réunir au Magasin Central des hôpitaux. Il s'agit de recueillir et de mettre en sûreté les valeurs et notamment les objets du culte, en vermeil et en argent, appartenant à l'hospice des Ménages et gardés au lycée Corneille. On m'affirme que tout cela est en désordre dans une pièce ouverte à tout venant.

Je me risque à demander au commandant une garde pour la nuit : quatre hommes et un sous-officier.

Il grogne encore, il grogne toujours !

— Garde ! garde ! Pourquoi faire ? Pouvez pas garder vous-même ?

— Il faut que je retourne à la Salpêtrière.

— Pourquoi ?

— Parce que j'y ai mon domicile et que je ne m'installerai que demain au lycée, où j'ai pourtant des valeurs à mettre en sûreté.

Il réfléchit.

— Enfin !... Prenez qui vous voudrez. Quatre hommes, un sergent ! Hein ! ça suffit. Qui vous voudrez, je vous dis.

En me retournant, je vois tout juste devant moi mon sergent breton. Il me regarde avec considération maintenant. Il a entendu l'ordre du commandant.

— Eh bien, venez, vous ! lui dis-je. Vous me connaissez, n'est-ce pas ?

Il porte la main à son képi, se met au port d'armes, prend ses hommes et me suit.

Au lycée, nous montons tout de suite dans la chambre au trésor. Sergent et soldats, tous sont Bretons. Mieux que moi, ils connaissent les objets du culte par leurs noms. Ils ont tous plus ou moins servi la messe, là-bas, dans leur Bretagne.

Et nous voilà en train d'inventorier. Ils me passent les objets, me les nomment et je les écris :

— Patène ! Navette en argent ! Calice ! Boîte aux saintes huiles ! Burettes ! Ah ! voilà du linge ! Amict ! Voile de calice !...

En un quart d'heure, tout est fini. Le sergent prend l'inventaire, remet les objets en place, plante un factionnaire à la porte de la chambre et me dit :

— Vous pouvez être tranquille jusqu'à demain ; je réponds de tout ça.

Et il me présente les armes. Il veut évidemment, par cette manifestation respectueuse, corriger l'impression première que j'ai pu concevoir à son sujet.

Avant de repartir, je visite l'ambulance du Lycée : il y a là, pêle-mêle, des malades quelconques, des soldats, des fédérés et des blessés de diverses catégories.

On m'en montre un, couché pour une fracture de tibia. C'est un homme qu'on me dit être tombé d'un arbre, dans la cour de l'École polytechnique. Il y était monté afin de couper des branches, pour faire des aspersoirs à pétrole et badigeonner les murs de l'École, vouée au feu. On l'a apporté à Corneille où le soigne le docteur Benjamin Anger, chirurgien des Ménages.

A la nuit tombante, je puis retourner à la Salpêtrière par la rue Linné, en longeant la Pitié. Tout le long du chemin, il y a à la porte des maisons des dépôts d'armes. Et çà et là, les visites domiciliaires continuent.

Tout va bien chez moi. J'y raconte mon aventure et j'affirme qu'il est bon de se retrouver debout sous le ciel du bon Dieu, au milieu de sa famille saine et sauve.

Le danger couru fait mieux goûter le plaisir de vivre.

* *

27 mai. — Vu, ce matin, M. Michel Möring, notre agent général. Il a établi sa résidence administrative, boulevard de l'Hôpital, dans le cabinet du directeur du Magasin Central où il me reçoit et se fait rendre compte de ce qui s'est passé hier, au lycée Corneille.

Il y a de l'émotion dans sa physionomie et dans sa parole. On raconte déjà, en effet, bien des traits terrifiants relatifs à l'entrée des troupes dans Paris : des fusillades sommaires, des blessés arrachés de leur lit pour être passés par les armes, des dénonciations, des arrestations arbitraires.

Il a donné un ordre général, qu'il me renouvelle avec beaucoup d'insistance : « Recevoir comme il convient les personnes légalement chargées de faire une enquête dans les établissements hospitaliers; ne leur livrer, ne leur laisser enlever aucun blessé. »

Je pense à mon pétroleur de l'École polytechnique et une heure après, en arrivant au lycée Corneille, je vais à l'infirmerie, où l'on m'apprend qu'il va mourir.

Des agents de police sont venus, ont parcouru les salles, prenant les noms, les indications relatives à la provenance des blessés et des malades. Ils se sont retirés sans emmener personne ; mais l'homme interrogé par eux et redoutant les suites en a éprouvé un tel saisissement qu'une violente attaque de tétanos s'est déclarée. Le voilà, les mains crispées, la face douloureuse, hébété, ne semblant ni comprendre, ni entendre. Il est mort dans la journée. Pour les autres fédérés, plus ingambes, en traitement à l'infirmerie, ils ont tranquillement filé sans demander leur reste et sont allés se perdre dans Paris.

Nous retombons au niveau normal. Il s'agit maintenant de se débrouiller au milieu de cette population de vieillards encore tout affolée des événements tragiques de cette dernière semaine, et de mettre de l'ordre dans un personnel de serviteurs, dont beaucoup appartiennent depuis longtemps à l'hôpital, dont plusieurs ont été nommés de fraîche date et pourvus des titres les plus inattendus pour nous autres habitués à la hiérarchie antique.

Je retrouve d'abord cette imposante personne qui m'a déclaré être la directrice, la surveillante générale du personnel. Et tout de suite, très aimable, avec un petit clignement d'œil soulignant la parole, elle me dit :

— Est-ce que je ne vous ai pas connu en Afrique ?

Je réponds modestement que je n'y suis jamais allé et je continue ma revue. Deux de nos vieilles surveillantes m'arrivent, en cheveux gris, sous leur cornette noire. Les braves femmes, au milieu de tout ce bouleversement de la vie, ont continué tranquillement leur service. Elles vont m'aider à remettre tout en ordre. On congédiera, avec une petite indemnité, le personnel engagé à tort et à travers et on reprendra le train habituel de l'hospice, en attendant que l'on puisse faire réintégrer aux administrés la maison d'Issy, ou les hospitaliser dans quelque autre établissement que l'administration désignera.

Et déjà on nous presse assez vivement de nous en aller. L'économe du lycée Corneille est revenu, et aussi le proviseur. Ce dernier, homme très doux, très digne, semble cependant insensible à ce que je lui dis des violences dont j'ai été le témoin, dont j'ai failli être la victime, du lycée paisible tout à coup envahi par des soldats, sans mandat régulier, disposés aux pires extrémités.

— Que voulez-vous? réplique placidement le proviseur qui, bien certainement, ne ferait pas de mal à une mouche, nous traversons des jours extraordinaires, où tout s'explique et se justifie.

Et le bon philosophe me supplie de lui rendre son cabinet de travail, que j'occupe indûment et où il doit reprendre immédiatement sa place. Malgré ma bonne volonté de lui être agréable, je résiste doucement. Il faut que je commence par faire partir les vieillards et déménager le matériel. Il se résigne, bon gré, mal gré. Voici maintenant l'économe du lycée, qui vient à la rescousse. Il lui faut son mobilier à lui, ses dortoirs, ses réfectoires, ses classes! Il n'entend pas subir le moindre délai. Et je vois le moment où il va peut-être nous menacer d'une expulsion *manu militari*.

Enfin, aucun embarras ne devant m'être épargné aujourd'hui, m'arrive M. Bourgjuge, économe de l'École polytechnique. On a réquisitionné à l'école de la lingerie, de la literie, du matériel pour nos vieillards. Il faut lui restituer cela, pas plus tard que tout de suite.

Que de paroles! Il faut pourtant bien en venir à la conciliation. D'ailleurs, nous sommes maîtres de la place; nous partirons quand nous pourrons, sinon quand nous voudrons.

Je vais commencer toutefois par donner une satisfaction morale aux réclamants : leur rendre quelque quartier de l'immeuble. Il faut tout d'abord — j'en ai d'ailleurs reçu l'ordre, — que je fasse transporter à la Salpêtrière les vases sacrés et les objets précieux confiés à la garde de mon sergent et de ses chasseurs.

Déjà, il n'est plus là, le sergent ! On a envoyé à sa place un capitaine de la ligne et une dizaine d'hommes. Je vois ce capitaine : c'est un soldat d'Afrique, à la moustache grise, très aimable, esclave toutefois de la consigne. Il ne peut me rendre le dépôt confié à sa garde et se retirer sans ordre du commandant. Autour de nous papillonne, autant que sa vaste plastique le lui permet, « madame la surveillante générale » que j'ai dû relever de ses importantes fonctions, et que j'ai gardée en subsistance.

Elle interroge gracieusement le capitaine :

— Est-ce que je ne vous ai pas connu en Afrique?

Décidément, c'est un refrain ! Je les laisse s'expliquer et je vais à la mairie du Panthéon, où je sais devoir trouver le commandant des chasseurs à pied, qui, sur ma demande, m'a donné, le 26, un petit peloton de garde.

Il est là. Je lui explique ce qui m'amène. Il me regarde, grognon.

— Enlever le peloton qui garde vos vases sacrés ! Quels vases ? Quel peloton ?

— Les vases sacrés de l'hospice d'Issy, déposés au lycée Corneille. Le peloton de chasseurs, avec un sergent que je vous ai prié de me donner pour les garder.

— Qui êtes-vous ?

— Le directeur intérimaire de l'établissement.

— Avez-vous un ordre du général ?

— Voyons, commandant, puisque je vous dis que c'est vous qui avez donné la consigne au sergent, sur mes instances.

— C'est égal ! Il me faut un ordre.

— Cependant...

— Me faut un ordre pour relever mes hommes.

— Puisque c'est vous qui...

— Me faut un ordre !

Je n'insiste pas. Qu'il mette un régiment au lycée, s'il veut ! Le capitaine trouve d'ailleurs qu'on y est bien. Il n'est pas pressé d'aller occuper un autre poste. Il est donc convenu que je ne m'entêterai pas à convaincre le commandant.

Je suis revenu dans la soirée. On m'annonce que le capitaine et ses hommes sont partis soudainement, sans tambour ni trompette, laissant le dépôt précieux à la garde des infirmiers.

Tout cela est d'une admirable logique et témoigne d'un incontestable esprit de suite.

Mais, comme dit l'aimable proviseur, ne nous étonnons de rien en ces jours extraordinaires !

* *

Juin. — A la grande joie du proviseur et de l'économe du lycée Corneille, j'ai déménagé, en quarante-huit heures, tout le personnel, tous les administrés, tout le matériel des Ménages.

Une quarantaine de voitures, de fourgons, d'omnibus, que j'avais pu, en grande partie, louer à la Compagnie d'Orléans et à des entrepreneurs de transport, a fait, à deux reprises, le tour du Panthéon, et ce formidable serpent s'est allongé jusqu'à la porte du lycée, dévorant jusqu'au dernier pensionnaire et jusqu'au dernier meuble.

Nous avons quitté le logis universitaire, comme on quitte une ville occupée militairement, sans regarder derrière nous. Je ne pense pas que l'on fasse payer à l'administration les dégâts qui ont pu résulter de cette occupation hospitalière. Les maîtres de la maison ont été d'ailleurs si heureux de nous voir décamper, qu'ils nous tiennent sans doute quittes de toute obligation.

Désormais, je ne passerai pas devant ce bâtiment sombre que domine l'antique tour Clovis, sans songer à ces quelques jours mouvementés que j'y ai connus, et sans revoir par la pensée ce petit vestibule, au sommet du vaste escalier, où a failli se terminer si brusquement et si sottement ma carrière.

*

A la Salpêtrière, où j'ai repris mon service, la physionomie de nos ambulances est toute nouvelle. Elles sont aujourd'hui gardées militairement et nul n'y pénètre qu'à bon escient. C'est dans le baraquement de la Buanderie qu'est le nouveau quartier de la Force. Il y a là beaucoup de fédérés blessés, promis au Conseil de Guerre, des femmes accusées d'incendies volontaires, ou tombées derrière les barricades.

Et dans le quartier, on arrête sans discontinuer ceux que dénonce quelque vengeance particulière, comme suspects ou convaincus d'avoir porté les armes jusqu'à la dernière heure. Tel mon pauvre diable de clairon qui, tout le temps, a fait son service, se figurant être dans une position aussi régulière sous les ordres de la Commune que s'il eût été sous ceux de Mac-Mahon. Je crois que nous pourrons le tirer d'affaire tout de même. On n'a rien à lui reprocher, que d'avoir continué à gagner ses trente sous par jour. Ce sera une bonne action que de le rendre à sa famille; elle a besoin de lui. Et une bonne action, ce n'est pas ce qui court les rues, en ce moment, où la vengeance aveugle fait commettre bien des iniquités et la peur bien des lâchetés.

**

Paris après la bataille des rues. — Aujourd'hui, bien que nous ayons fort à faire ici avec les ambulances et le service, la curiosité nous pousse vers la place de l'Hôtel-de-Ville. Des fumées montent encore au-dessus des quartiers, de quelque côté que l'on se tourne. Quelques monuments achèvent de brûler. De temps en temps, une détonation nous vient du côté de Charonne avec des bruits de fusillade et des crépitements de mitrailleuse. On se bat encore, et, là-bas la Commune achève de mourir.

Sans attendre le retour complet du calme, avec cette ardeur de vitalité qui le caractérise, déjà Paris se redresse, se démène, travaille à se refaire.

Contre les bâtiments de la gare d'Orléans, troués de projectiles, des échelles sont dressées, des ouvriers de la Compagnie entreprennent la toilette des façades. Sur la place Walhubert, le café du Chalet, que nous appelons *le Café des Singes*, à cause des sujets qui le décorent, est à jour comme une dentelle ; les balles, les obus en ont déchiré, percé les boiseries légères. C'est miracle que ce pavillon tienne encore debout.

Autour, les branches des arbres fléchissent à demi

rompues, le sol est jonché de feuilles et de débris. Au-dessus, des pigeons tournoient d'un vol rapide, effarés, comme en quête de leurs gîtes détruits.

L'air nous apporte des bouffées qui sentent le soufre et le pétrole.

On peut aller sans obstacle jusqu'au pont Notre-Dame ; il ne reste pas de barricades sur ce trajet. Là commence un grand mouvement de foule. Ce courant nous porte vers la place du Châtelet. Le Théâtre-Lyrique est brûlé ; les murailles tiennent encore ; à l'intérieur, tout n'est que ruines et décombres amoncelés. De l'autre côté de la place, dans l'autre théâtre qui ne paraît pas avoir souffert de l'incendie, une cour martiale est en permanence.

La place est noire de monde ; il y a des curieux sur les saillies de la fontaine, sur les parapets, sur les arbres. Les trottoirs sont garnis ; la chaussée reste libre. Des sergents de ville, armés de chassepots, ayant au képi le bandeau blanc, signe distinctif de l'armée de Versailles, maintiennent l'ordre. Dans l'espace laissé libre passent des gens escortés de soldats. On les fait entrer dans le théâtre du Châtelet, où ils vont être interrogés et jugés sommairement.

On les entasse, dit-on, dans toutes les parties du théâtre pour les convoyer ensuite sur Versailles ; quelques-uns en sortent pour une destination différente.

Nous en voyons passer une troupe flanquée de gardes. Figures défaites, l'air vague de gens qui ne savent ce qu'on leur veut. Beaucoup marchent d'un air indifférent. Des vêtements de toute espèce, presque tous souillés par une longue étape ou un coucher à la belle étoile, dans la poussière et dans la boue. Plusieurs, un petit paquet à la main, des effets noués dans un mouchoir, précaution prise en prévision de quelque voyage probable.

On leur fait suivre les quais; ils passent devant l'Assistance publique en partie incendiée, devant les ruines fumantes de l'Hôtel de Ville; on les pousse dans la caserne Lobau, dont la grande porte aussitôt se referme.

Une minute après, une fusillade éclate, suivie de quelques détonations isolées.

On m'explique ce qui se passe là, derrière cette grande porte close.

On fait entrer les prisonniers; on leur dit:
« Allez au fond de la cour, on va vous compter.

Et quand ils sont à six pas, une décharge générale les jette sur le pavé; on achève un à un ceux qui remuent encore.

C'est horrible! Nous nous en allons lentement, le cœur affreusement serré. Une charrette passe, suivant les quais et le pont Saint-Michel; il en coule quelque chose de rouge, qui fait une longue traînée sur la route : l'idée nous vient que c'est du sang s'échappant de quelque entassement de cadavres qu'on porte au charnier. L'image du massacre pèse sur nous. Mais ce n'est pas du sang qui coule là, c'est un produit désinfectant que l'on transporte et dont une partie s'échappe de la voiture mal close.

Cette traînée rouge à ce moment, tandis que commence une seconde fusillade, là-bas, dans la caserne, on ne peut la suivre des yeux sans frémir, bien que l'on sache maintenant ce que c'est. Elle semble étaler sous le ciel la longue et profonde blessure de Paris.

Pour rentrer, nous repassons sur la rive droite. Dans les petites rues, on ramasse encore les armes restées dans les maisons ; elles s'entassent aux angles des portes, déjà rouillées par l'humidité de la nuit. La rue Saint-Antoine, que nous dépassons, est chaude comme une gueule de four ; la place de la Bastille fume, l'odeur du pétrole y monte plus forte ; la colonne est trouée d'obus ; sous la voûte du canal, la pierre est noire de fumée. Des bateaux chargés ont brûlé là, nous dit-on. Le Grenier d'abondance, toujours en feu, s'écroule par instants par larges pans de murs. Des sentinelles en gardent les abords, dangereux pour le passant.

A la tête du pont d'Austerlitz, pour repasser la Seine, il faut traverser les débris d'une barricade.

Il y a encore sur la droite, parmi les armes brisées, des flaques coagulées, des caillots rouges qui renouvellent l'impression cruelle de tout à l'heure.

Aux environs, tout est ruines; les portes sont closes, des bouts d'enseigne pendent lamentablement.

Sur tout cela semble passer encore un souffle de terreur et de colère; les choses crient la férocité des hommes, le désespoir insensé allumant les incendies, la répression aveugle ordonnant les fusillades.

Autour du Châlet, les pigeons tournoient toujours; il y en a moins qu'à notre premier passage. Quelques-uns ont abandonné la place, cherchant ailleurs un asile plus sûr.

On voit s'aborder, à la porte des cafés, des hommes qui parlent bruyamment, qui plaisentent, qui rient. De petits troupiers rentrent au poste du Jardin des Plantes, la cigarette aux lèvres, insoucieux, inconscients de la férocité des événements; les officiers, rapides, graves, au parler bref, traversent les groupes. Dans ce coin de Paris, tout est fini!

Vers l'est, encore, le ciel est troublé, couvert d'une buée rougeâtre.

L'homme, plus loup à l'homme que le loup au loup, achève là-bas son œuvre farouche.

***

Je continue, suivant ma coutume, à interroger les amis rencontrés, par hasard, car couramment on se voit peu, sur ce qui s'est passé durant cette terrible semaine de mai.

« — Le 23 mai, me raconte Le Bas, actuellement directeur de la Pitié, vers onze heures du soir, on nous a apporté, de Sainte-Pélagie, les corps de M. Chaudey, journaliste, et ceux des gardes républicains Pacot, Capdevieille et Bauzon, qui venaient d'être exécutés dans la prison par ordre du procureur de la Commune, Raoul Rigault.

» Les événements n'ayant pas laissé le temps au greffier d'accomplir les formalités d'usage, j'ai dû faire procéder, le lendemain, sur la réquisition du directeur de la prison, à l'inhumation des quatre corps, ce dont s'est chargé l'économe de l'amphithéâtre des hôpitaux. Rapport de ce lugubre événement a été adressé par moi, au commandant de la place du Panthéon, faisant fonctions de maire.

» Le jour suivant, 24 mai, le bruit se propageait que le Panthéon allait sauter et plus de trois cents personnes de tout âge et de toute condition, habitant les environs en ce moment, accouraient, et demandaient asile. Parmi elles se trouvaient le personnel du collège Sainte-Barbe et les quelques élèves qui y étaient demeurés. Ne pouvant recevoir une telle foule, ne voulant pas que, se répandant dans l'hôpital, elle allât y jeter la consternation, j'ai fait ouvrir la chapelle pour l'y abriter.

» M. le directeur de Sainte-Barbe m'a prié alors de lui indiquer le moyen de gagner avec son monde la Salpêtrière, où il était attendu. M'étant assuré que la voie était libre et qu'il ne courait aucun danger, je lui ai fait traverser les cours de l'hôpital et l'ai fait sortir, avec ceux qu'il conduisait, par la porte dérobée de la rue Daubenton.

» Aux autres réfugiés, nous avons fait apporter des matelas, du pain, du vin, et des conserves de viande. Ils avaient grand besoin de s'alimenter, mourant presque d'inanition, après quelques jours passés dans les caves.

» Mon économe et vieil ami Guilbert, avec son excellent cœur, a tout prévu pour que cette hospitalité improvisée ne laissât pas trop à désirer.

» Le 25, au matin, les premiers soldats de l'armée de Versailles nous arrivaient, mais nous n'en avions pas fini encore avec les dangers et les émotions : quelques instants après un obus à pétrole, envoyé par la batterie du Père-Lachaise, pénétrait dans le comble du bâtiment des hommes ; puis, un chef d'escadron d'état-major demandait à visiter les cours de l'hôpital pour y installer une batterie d'artillerie devant combattre les fédérés établis à la barrière d'Italie. Mon opposition immédiate fut très mal prise et je vis le moment où il allait passer outre.

» Enfin, l'explication que je donnai sur notre situation topographique, fit abandonner un projet qui aurait infailliblement attiré sur nous une grêle de projectiles. Les balles nous arrivaient déjà en si grand nombre que j'avais dû faire évacuer les cours par les malades et retirer dans le milieu des salles les lits qui étaient devant les fenêtres.

» Vers deux heures, les troupes en observation dans le Jardin des Plantes crurent voir un échange de signaux entre les malades du bâtiment sur la rue Geoffroy-Saint-Hilaire et des fédérés. Conduits par deux officiers très irrités, un détachement parcourut les salles et, sans l'intervention énergique de l'économe et la mienne, il était procédé à l'exécution sommaire de plusieurs individus jugés suspects.

» Tout mon monde a bien fait son devoir en ces tristes jours. »

Rassuré sur Le Bas, je me suis soucié de Nicollet, autre bon compagnon de la Salpêtrière, un collègue au bureau des entrées, que nous appelons familièrement l'abbé Bajulaz, parce qu'il fait de petits vers galants, dans le goût des jolis abbés du xviiiᵉ siècle. Cette maladie littéraire est endémique chez la gent administrative.

Dans le courant d'avril, il nous a quittés pour aller se faire traiter à Saint-Louis, au pavillon Gabrielle, d'une affection contractée au rempart, durant les nuits froides et humides. Il y est allé un peu aussi pour échapper à l'arrêté du 7 avril ordonnant l'enrôlement de tous les hommes âgés de moins de quarante ans.

Le pauvre garçon, jaloux de tranquillité, n'a pas eu de chance. Il veut échapper à toute éventualité et il reçoit, quoique bien à l'abri dans un service d'hôpital, une balle qui lui traverse le pied !

Et voici dans quels termes il m'écrit sa mésaventure et les circonstances qui l'ont précédée et accompagnée. Cela me donne encore la physionomie d'un de ces coins de Paris, dont j'aime à conserver la rapide vision.

« Vous vous rappelez, mon cher ami, les privations endurées pendant le siège et les nuits passées au rempart, par le froid et par la neige. Elles sont la cause de mon installation au pavillon Gabrielle. Ce n'est jamais gai, l'hôpital, mais dans les circonstances actuelles, c'est lamentable.

» Le combustible surtout nous a manqué. Le peu

de charbon existant dans le chantier était nécessairement réservé à la cuisine et aux bains : l'utile avant l'agréable.

» Nous nous réunissions, entre les repas, dans un petit salon du rez-de-chaussée. La tristesse de cette pièce aux murs nus, meublée seulement de quelques fauteuils et d'une table était encore augmentée par la vue d'une cheminée vide et froide. Tous les matins pourtant, on essayait consciencieusement d'y faire du feu, mais le bois provenait d'arbres récemment coupés dans les jardins. Impossible de l'allumer ; après avoir brûlé un kilogramme de vieux papiers, sans produire autre chose que beaucoup de fumée, on y renonçait pour ce jour-là. On s'enveloppait alors d'une capote de malade, enfilée par-dessus ses vêtements, et on s'y pelotonnait comme dans une robe de chambre.

» Cet essai infructueux d'allumage avait pourtant son bon côté. D'abord, cela nous faisait passer tous les matins une heure, pendant laquelle on se demandait avec intérêt si, oui ou non, la bûche se déciderait à prendre. Elle résistait aussi héroïquement au feu que Paris pendant le siège. Puis elle devenait le sujet de plaisanteries faites pour jeter un peu de gaîté dans notre désœuvrement. Un mauvais plaisant proposait de la forcer à nous réchauffer quand même. Il s'agissait, selon lui, tout bonnement, de la monter, à tour de rôle, au grenier, entre nos bras. L'idée n'a pas eu de suite ; la bûche incombustible s'est entêtée si bien à ne pas brûler qu'elle s'étale encore, orgueilleusement, sur les chenets noircis. Le printemps étant venu, nous n'avons plus eu de querelle à lui faire.

» La vie, en ces derniers temps, aurait été supportable, sans les nouvelles du dehors. Enfin, le 20 mai, nous avons entendu le canon. Le mardi suivant, nous vîmes, avec effroi, des flammes s'élever d'un peu partout. Nous crûmes que tout Paris brûlait. Naturellement, nous restâmes sur pied toute la nuit, allant d'une fenêtre à l'autre, pour voir les progrès du feu. Le jour venu ne nous rassura que médiocrement. Les flammes ne se voyaient plus, il est vrai, mais un nuage de fumée flottait à l'horizon et empêchait de constater les résultats du désastre.

» De plus, la canonnade et la fusillade, entendues depuis deux jours, se rapprochaient. A chaque minute, l'armée gagnait du terrain ; les fédérés se repliaient sur les quartiers du Temple, Ménilmontant, les Buttes-Chaumont et le Père-Lachaise. Nous allions donc nous trouver en plein centre du combat.

» L'hôpital Saint-Louis, formant un grand carré clos de murs, est entouré de maisons, bâties sur un côté seulement de quatre rues, d'où l'on a vue sur l'établissement. Le pavillon Gabrielle donne sur l'une de ces rues, la rue Alibert, je crois. C'est ce qui m'a permis de suivre, *de visu*, les événements de ces derniers jours. A un certain moment nous entendîmes des clameurs sous nos fenêtres et nous vîmes des gens occupés à dépaver la rue. Il s'agissait assurément de faire des barricades. En effet, on en éleva une à chaque encoignure; nous restâmes une partie de la journée à suivre les progrès des travaux. Vers le soir une certaine inquiétude se manifesta parmi les travailleurs. Les autres barricades étaient prises et leurs défenseurs se repliaient sur celles qu'on venait de construire. Cela devenait sérieux. Nous fermâmes nos fenêtres, tout en continuant à regarder derrière les vitres. Bientôt des coups de feu retentirent. La troupe commençait l'attaque.

» Nous délogeâmes pour passer dans les chambres donnant sur la cour. Et comme la fusillade continuait, il ne fallut pas songer à se coucher et encore moins à dormir. Des matelas furent appliqués contre les fenêtres du corridor central, où nous nous installâmes pour faire une partie de rams qui dura toute la nuit.

» A cinq heures du matin, un fracas épouvantable nous fit sursauter. Un obus, venant du Père-Lachaise était tombé dans la cour, écornant le pavillon. La place n'était plus tenable. La sœur nous dit que, sous le pavillon, il y avait une cave. La voûte n'était pas très épaisse; elle valait toutefois mieux que notre léger bâtiment construit en briques.

» Sans oublier nos cartes, nous nous installâmes donc dans la cave, où à la lueur d'une bougie, nous continuâmes la partie, (Voilà d'enragés joueurs!)

» Il faisait un froid noir dans ce fâcheux caveau. L'infirmier fut chargé d'aller chercher des capotes. Chacun en prit une, ce fut toute une affaire pour en faire accepter une à la religieuse. Il paraît que la règle de l'ordre des Augustines leur défend de porter sur elles autre chose que les habits réglementaires. Elle s'y refusait énergiquement. Vainement, nous lui dîmes que ce n'était pas un vêtement, mais une simple couverture qu'elle mettrait sur elle, la nuit. Enfin, l'un de nous, peiné de la voix grelotter, se dévoua, pour aller trouver la supérieure, qui accorda l'autorisation. Alors, seulement, la bonne fille accepta la capote hospitalière; toutefois, elle la jeta sur ses épaules, sans vouloir passer les manches.

» Quand le jour parut, à travers le soupirail, nous avions tous pris le caveau en horreur. On ne se doute pas combien vingt-quatre heures passées dans l'obscurité vous rendent agréable la lumière du soleil. Depuis longtemps, il ne tombait plus d'obus. Nous en revenions à la simple fusillade; c'était déjà un jeu pour nous. Aussi, malgré les sages observations de la sœur, remontâmes-nous tous dans le pavillon.

» Nous passâmes toute la journée à regarder les gens se battre au-dessous de nous. Un matelas nous abritait jusqu'à la hauteur des yeux. Même le soir, tout à fait aguerris, nous laissâmes tomber le matelas protecteur, et nous restâmes dans le corridor, à fumer, en jetant de temps à autre, dans la rue, un regard presque indifférent.

» Mal nous en prit, ou plutôt mal m'en prit, car vers cinq heures, voilà qu'un carreau près de moi vole en éclats! Je me recule en poussant un juron, car j'ai senti une vive douleur au pied droit. Je crois d'abord que quelque chose est tombé sur moi. En levant machinalement le pied, j'aperçois sur le parquet la forme de ma semelle imprimée en rouge.

» Une balle avait frappé l'espagnolette de la fenêtre, ricoché sur mon pied et l'avait traversé de part en part. Si elle n'avait, par bonheur touché tout d'abord cette ferrure, je la recevais en pleine face!

» Je n'en étais pas moins assez dangereusement blessé. La balle, ayant traversé le carreau de verre, il a fallu sonder ma blessure pour voir s'il n'y avait point dans le trajet quelque parcelle capable de l'envenimer.

» On m'a porté dans ma chambre, et j'ai passé la nuit à maudire ma curiosité, tout en posant, de quart d'heure en quart d'heure, sur mon pied malade des poignées de compresses trempées dans l'eau fraîche pour prévenir l'inflammation.

» Le lendemain, sont entrés chez moi des soldats de la ligne. Les barricades étaient prises; quelques coups de feu ayant encore été tirés des maisons voisines, les militaires avaient jugé bon de venir s'embusquer dans notre pavillon pour riposter au feu des fenêtres, plus commodément, s'il recommençait.

» J'ai eu un instant la peur, blessé que j'étais, d'être pris pour un fédéré et fusillé sans formalité. Heureusement, tout à leur affaire, ils ne se sont pas occupés de moi.

» Voilà comment, mon cher ami, s'est terminée ma retraite au Pavillon Gabrielle. Venu pour y trouver la santé et le calme, j'y ai récolté une balle dans le pied. J'en ai pour un mois de lit, à l'hôpital. On me promet ensuite des béquilles pour je ne sais combien de temps. Cela vaut, en somme, encore mieux que la jambe de bois dont on m'avait presque menacé tout d'abord. »

*
* *

Juin. — Bien des témoins ont vu ce que mon isolement a pu m'empêcher de voir ou ont été appelés à voir les mêmes choses que nous, sous un angle différent. En les consultant, comme j'ai pris l'habitude de le faire, je puis, à l'occasion, rectifier les notions consignées au courant de ce recueil.

Un renseignement pris à la source officielle me fait reconnaître, par exemple, que j'ai dû enregistrer une erreur relative au sujet de la disparition des grands animaux du Jardin des Plantes, pendant la disette du siège et les rigueurs de notre rude hiver.

Il n'a pas été dressé de statistique détaillée des animaux du Muséum abattus pendant l'investissement. Au moment du siège, les animaux appartenant au Jardin d'Acclimatation du bois de Boulogne avaient reçu l'hospitalité au Muséum ; ce sont eux qui ont été tués et livrés à la consommation ; ceux de la Ménagerie ont été conservés, du moins les plus importants ; les cerfs communs, les bœufs, moutons, poules, canards, etc., ont dû être sacrifiés ; mais on avait eu le soin de garder toutes les espèces précieuses : éléphants, hippopotame, lion, tigres, etc. Les provisions de fourrages faites avant le siège étaient considérables, et la viande impropre à la consommation suffisait à la nourriture des carnassiers.

A propos de ce petit point de l'histoire de nos collections scientifiques, je me reporte à ce que j'ai dit de notre nourriture pendant le siège.

C'est un faible aperçu, sans doute, de ce qu'a pu

être l'immense travail de l'alimentation de Paris durant cette période de septembre 1870 à mars 1871. Comment, particulièrement, ont pu subsister les hôpitaux et les hospices durant ces longs jours? Voilà ce que je me suis demandé souvent en voyant vivre et vivre avec tant de peine, quoique relativement plus à l'aise que le gros de la population de Paris, notre vieille et grande Salpêtrière.

Ma bonne fortune m'a remis en présence de mon ami René Lafabrègue, que je n'avais pas aperçu durant cette longue suite d'événements. Directeur de l'Approvisionnement des hôpitaux aux Halles Centrales, il pouvait me renseigner mieux que personne. Il l'a fait; ce qu'il m'a dit m'a tellement intéressé que je l'ai prié d'écrire, à mon intention, dans sa simplicité pittoresque et très vivante, tout ce qu'il vient de me raconter.

Il l'a promis; il a tenu sa parole; je suis content d'ajouter sa note originale à mon cahier d'impressions.

Alimentation des hôpitaux et hospices pendant le siège. — Faits relatifs à la période de la Commune. — Note de René Lafabrègue.

« Mes souvenirs du siège et de la Commune se fixent dans mon esprit avec une netteté étrange : ils se dessineront certainement toujours ainsi devant moi. Chargé du service de l'Approvisionnement des hôpitaux et hospices de Paris, ai-je fait tout ce qui aurait dû être fait? non, évidemment! j'ai la conscience, du moins, d'avoir fait tout ce que j'ai pu.

» Le 18 septembre 1870 l'investissement de Paris était complet, toutes les lignes de chemin de fer coupées, Paris bloqué et ses deux millions trois cent mille habitants ne pouvaient plus compter pour vivre que sur des ressources hâtivement accumulées.

» Comme directeur de l'Approvisionnement, j'avais fait entrer dans Paris tout ce que j'avais pu me procurer en denrées de conservation possible, lard, jambon, saindoux, beurre salé et beurre fondu, lait concentré, conserves de légumes, macaroni, etc. D'un autre côté, les hôpitaux étaient largement pourvus de pommes de terre et j'en avais, au Magasin Central, une réserve de plus de deux cent mille kilos; mais, qu'était-ce que tout cela pour nos vingt-trois mille administrés et cette population indigente qui fréquentait nos quatre-vingt-quatre fourneaux économiques!

» Ces approvisionnements nous avaient donné beaucoup de mal à réunir ; nous tombions littéralement de fatigue, lorsque mon camarade Brelet, directeur de l'Hôtel-Dieu, vint me trouver pour me dire que les médecins réclamaient pour leurs malades des légumes frais.

» Les arrivages de légumes sur le carreau des Halles, qui, dès les premiers jours de septembre, étaient déjà peu abondants, avaient presque complètement cessé. Les rares voitures qui arrivaient encore étaient vendues à des prix exorbitants, lorsqu'elles n'étaient pas pillées par des bandes d'individus qui, à leur profit, s'étaient donné mission « d'empêcher les accaparements ».

» Il fallait des légumes frais, c'était bientôt dit! mais où en trouver? La zone occupée par nos troupes avait été en quelques jours dévastée par des nuées de maraudeurs dont la besogne avait été d'autant plus facile que les habitants de la banlieue étaient réfugiés dans l'intérieur de Paris.

» Je savais pourtant, par d'anciens fournisseurs, qu'entre les avant-postes français et les avant-postes ennemis, de vastes champs étaient encore couverts de leur récolte, que ni propriétaires ni maraudeurs ne pouvaient enlever.

» Comment faire profiter nos hôpitaux des ressources que les premières gelées allaient détruire? Où, dans ce grand Paris, dénicher les propriétaires de ces récoltes? Comment arriver jusqu'à leurs champs? Comment, à travers ces barricades et ces fossés qui coupaient les moindres chemins de la banlieue, ramener les légumes que nous aurions cueillis? Je ne me décourageai pas devant les difficultés de la tâche : « A brebis tondue Dieu mesure le vent » et je me mis en campagne.

» Le 7 octobre, accompagné d'un petit propriétaire de la Courneuve, nommé Delamarre, j'allai reconnaître le terrain. Après des détours sans nombre nous arrivâmes à la Courneuve devant une grande plaine s'étendant, d'un côté, jusqu'à la Crou, dont une rive était occupée par les Prussiens et des deux autres côtés jusqu'à Dugny et au Bourget, qui appartenaient à l'ennemi. Cette plaine, aussi loin que la vue pouvait s'étendre, n'était que champs en plein rapport.

» Les francs-tireurs de la Presse étaient installés dans les bâtiments de la mairie de la Courneuve et dans la ferme de la Tourterelle. Quant aux habitants de la commune, tous, sans exception, s'étaient réfugiés dans Paris. Le commandant Roland, auquel je déclinai mes noms et qualités, ainsi que le but de ma visite, voulut bien m'autoriser, sous la conduite d'un de ses hommes, à visiter les champs du cultivateur qui m'accompagnait. Cette autorisation me fut donnée sans enthousiasme, c'est vrai ; elle me fut donnée pourtant, et je dois en être reconnaissant au commandant qui aurait parfaitement pu m'envoyer promener.

» Les francs-tireurs de la Presse, qui, au Bourget,

devaient si bravement se battre, jouaient un peu alors aux soldats et je ne pus m'empêcher de rire lorsque le capitaine adjudant major Jordet dit très sérieusement à l'homme qui devait venir avec nous : « Au premier mouvement suspect de ces messieurs, faites feu sur eux ! »

» Nous voici donc courant la plaine — moi, autre Perrette, calculant le bon emploi de l'abondante moisson que j'avais sous les yeux et qui, enlevée à temps, aurait pu nourrir Paris pendant des semaines, lorsqu'en relevant la tête, je vis, à une centaine de mètres au-dessus de moi, un ballon en partie dégonflé. Il s'abaissait rapidement du côté des lignes prussiennes. Sans plus s'occuper de nous, notre franc-tireur courut pour porter secours aux aéronautes, et nous, naturellement, de le suivre pour voir ce qu'il allait advenir.

» Nous vîmes le ballon tomber dans la zone ennemie et les Prussiens accourir pour s'en emparer ; ils allaient l'atteindre, lorsqu'à notre stupéfaction, il repartit comme une flèche. La nacelle paraissait vide ; à terre, personne !

» Alors commença entre Prussiens et francs-tireurs une fusillade à laquelle mirent fin quelques obus du fort de l'Est.

» Le lendemain j'appris que deux des aéronautes s'étaient blottis dans une oseraie où les Allemands ne surent pas les trouver, pendant que le ballon repartait avec un seul homme.

» Cet épisode sans importance devait avoir une influence heureuse pour mes projets.

» Rentré à Paris, je me rendis immédiatement chez le gouverneur. J'exposai à l'aide de camp de service nos besoins en légumes frais, et je lui demandai un permis de dépasser les avant-postes avec des hommes et des voitures. A ma requête, cet officier me répondit : « Impossible de vous accorder l'autorisation que vous demandez; en dehors du service militaire personne ne doit franchir les avant-postes. » J'insistai, faisant valoir ma qualité de directeur de l'Approvisionnement des hôpitaux et celle de neveu du général de Rébeval et des généraux Paul et René Royer.

» N'insistez pas, me dit-il, le général Trochu ne veut pas avoir à se reprocher la mort de quelqu'un à Paris ! »

» — Mais il ne nous arrivera rien et si un malheur nous advenait, le général n'aurait aucun reproche à s'adresser, puisque c'est moi qui sollicite comme une faveur cette permission. Si les Prussiens tirent sur nous, soyez tranquille, ils nous manqueront; il n'y a pas une heure, je les ai vus tirer, à courte distance, cinquante coups de fusil sur un ballon sans parvenir à l'atteindre ! »

» Au mot ballon, mon interlocuteur avait dressé l'oreille.

» — Quel ballon ? » me demanda-t-il. Je lui racontai ce que je venais de voir à la Courneuve. Il passa alors chez le général Trochu, qui me fit aussitôt appeler et auquel je refis mon récit. « Je sais ! je sais ! » me répondit-il. Que diable pouvait-il bien savoir ? aucun service télégraphique, à ma connaissance, n'existant entre les bords de la Crou et son cabinet.

» Avant de me retirer, je lui exposai ma requête, à laquelle, après mille difficultés, il voulut bien faire droit.

» Dans la soirée, j'organisai ma première expédition et, dès le lendemain, je partais avec cinq voitures, dix chevaux et douze hommes connus des propriétaires des champs à récolter. Tout se passa bien, sauf au retour où nos voitures faillirent être dévalisées.

» En quelques jours, je rentrai les récoltes en choux et en navets des champs attenant à la Courneuve ; maintenant, il nous fallait traverser un petit ruisseau qui coupe la plaine en deux et passer dans les lignes prussiennes.

» Lorsque avec mes hommes, nous voulûmes traverser ce malheureux ruisseau, nous vîmes les francs-tireurs accourir et nous faire rebrousser chemin. Ils profitaient de l'occasion pour me faire sentir que mes expéditions ne leur étaient nullement agréables.

» Pour passer outre, pour aller au delà de ce ruisselet, il me fallait une autorisation spéciale. Comment l'obtenir? Heureusement, M. Magnin, ministre de l'Agriculture et du Commerce, voulut bien en cette occasion me prêter son appui.

» Il me remit une lettre pour le général Trochu, qui ne servit à rien, et une autre pour le commandant Lefèvre, aide de camp du général Schmitt, qui m'obtint, lui, un permis permanent de *dépasser* les avant-postes. Cet officier poussa la bienveillance jusqu'à me remettre un mot de recommandation pour M. de Réal, aide de camp du général Carré de Bellemare, commandant la place de Saint-Denis.

» A ce moment, nos hôpitaux étaient suffisamment pourvus de légumes; voulant faire un peu profiter la population de Paris de ma bonne fortune, je ne partais plus avec cinq voitures, mais avec vingt-cinq (un jour même avec vingt-huit), cinquante chevaux et soixante hommes. C'est alors qu'on revit aux Halles ces énormes choux dont on était privé depuis si longtemps.

» Mais que d'ennuis me créaient ces diables de francs-tireurs! Mes permis n'étaient jamais suffisamment en règle. Il leur manquait toujours une signature ou un timbre. C'étaient des discussions sans fin. A la vérité, nous les gênions! Ces messieurs étaient jeunes et recevaient de fréquentes visites féminines. Ah! on ne s'ennuyait pas aux avant-postes! Le soir, en fiacre, ces petites dames rentraient à Paris, en compagnie de grands sacs de légumes! Où et comment se procuraient-elles les autorisations de circuler dans les avant-postes? Je ne me charge pas de le dire.

» A ces ennuis, plus agaçants que sérieux, vinrent bientôt s'ajouter des difficultés matérielles. On avait établi à Saint-Denis des barrages sur la Crou, et les eaux ne trouvant plus leur écoulement ne tardèrent pas à noyer une partie de la plaine, si bien que dans les derniers jours d'octobre, nous étions obligés, pour atteindre les champs, de marcher avec de l'eau jusqu'à la ceinture, et les bains froids, à cette époque de l'année, ne sont ni sains ni agréables!

» De leur côté, les Prussiens ne nous laissaient pas grand repos; c'était à chaque instant des coups de feu qui, sans nous faire grand mal, nous gênaient dans notre travail. Quelquefois, nous les apercevions circulant dans la plaine par petits groupes. Un de nos hommes, un nommé Demars, qui s'était écarté de ses camarades, fut enlevé par eux. Fait prisonnier, cet homme, je l'ai su depuis, fut conduit à Meaux et y mourut du typhus.

» Le 12 novembre, un de nos hommes, un nommé Constant Auger, fut mortellement blessé, alors que plusieurs de ses camarades recevaient des balles dans leurs vêtements. Pris de panique, tout mon monde s'enfuit et il me fallut porter moi-même le blessé jusqu'à ma voiture et dételer nos chevaux. C'est le seul moment de faiblesse que j'aie à reprocher aux braves gens qui, depuis plus d'un mois, venaient avec moi presque chaque jour à la Courneuve. Du reste, remis de leur peur, ils n'hésitèrent pas à revenir le lendemain chercher les voitures que nous avions abandonnées, toutes chargées, dans les champs.

» Quant à Constant Auger qui venait de mourir, son cadavre fut caché sous des couvertures au fond de ma voiture ; en arrivant à Paris, je le portai à la salle des morts de Lariboisière où le directeur Talle, mon ami, voulut bien le recevoir. L'inhumation eut lieu au Père-Lachaise, aux frais de l'Administration.

» Nos établissements étaient, au delà de leurs besoins, approvisionnés en légumes dont les fanes servaient à la nourriture des vaches laitières, des moutons et des bœufs que nous avions encore. Cette surabondance, qui n'était que passagère, nous a permis de faire fabriquer dans nos magasins de l'Approvisionnement, par un homme du métier, et avec un matériel à lui, plus de douze mille kilogrammes d'excellente choucroute ; ce fut, plus tard, pour nos hôpitaux, une précieuse ressource.

» A la fin d'août 1870, en prévision des misères qui allaient atteindre la population parisienne, le directeur général de l'Assistance publique, M. Husson, m'avait chargé d'organiser dans les maisons de secours des fourneaux économiques où, chaque jour, des portions à cinq centimes devaient être vendues aux malheureux.

» Ces portions se composaient de bouillon, de viande bouillie, de haricots, de lentilles, de riz, de pommes de terre.

» La viande était fournie par les bouchers de la ville. Ce fut d'abord de la viande de bœuf, puis de la viande de cheval. Malheureusement, celle-ci nous fit bientôt défaut et pour la remplacer l'Administration dut demander au ministre de l'agriculture et du commerce de vouloir bien lui céder, moyennant paiement, le lard nécessaire pour le service des fourneaux économiques.

» Le pavillon n° 6, aux Halles, qui, avant la guerre, était occupé par la vente en gros des fruits et des primeurs, avait été réquisitionné par l'État pour servir de dépôt de vivres. Le ministre, M. Magnin, venait presque chaque jour visiter ses magasins et me faisait souvent l'honneur d'entrer dans mon cabinet. Un jour, je lui dis :

» — Monsieur le ministre, je suis sûr que vous ne connaissez pas l'étendue de vos richesses. Ainsi, je suis certain que, ni vous, ni personne de chez vous, ne savez où vous avez, dans Paris, en train de s'abîmer, plus de cinquante mille kilogrammes de fromage. Si je vous fais retrouver ce trésor, que me donnerez-vous?

» — Je ne sais ; que voulez-vous ?

» — Les écrasés, les gâtés, ceux, enfin, dont vous ne sauriez tirer parti.

» — Accordé! où sont les fromages?

» — Au fin fond des Batignolles, perdus dans les magasins de la gare, où je les ai vus en allant prendre livraison d'un wagon d'orge mondé. Ce sont des hollande, ce qu'on appelle des têtes de mort.

» Le jour même, ces fromages furent transportés aux Halles, dans le pavillon au beurre, et les hôpitaux eurent pour leur part, cinq ou six mille kilogrammes de hollande avariés mais qui, grattés et nettoyés avec soin, ont duré jusqu'à la fin du siège.

» Un autre jour, M. Magnin me fit appeler.

» — Monsieur Lafabrègue, me dit-il, il faut que vous nous rendiez un service. Nous avons ici, dans des tonneaux, je ne sais quoi de complètement gâté. Si je fais jeter ces saletés-là à la voirie, on ne manquera pas de dire que nous aimons mieux laisser pourrir les denrées que de les faire consommer. Ce sera un tollé général. Faites enlever ces ordures par vos voitures et faites-les enterrer dans les jardins d'un de vos établissements. »

» Les tonneaux roulés dans notre magasin, je les fais ouvrir et je reconnais que ces soi-disant marchandises avariées sont des morceaux de tête de porc, affreusement mal travaillés, un peu rances, d'un horrible aspect, à cause de la cendre dans laquelle ils étaient emballés, mais en somme, parfaitement mangeables.

» A l'Hôtel-Dieu, lorsque l'ami Brelet, qui n'est pas toujours d'humeur facile, vit arriver cette charcuterie, son premier cri fut : « Vous voulez donc » nous foutre la peste » ; il ne voulut bien se radoucir que lorsqu'il vit rangés en ordre de bataille les quelques centaines de kilogrammes d'excellents pâtés de hure que son chef, aidé d'un homme de la partie, venait de confectionner. C'est ainsi que tous les établissements de l'Administration bénéficièrent d'une erreur de « diagnostic » d'un ministre ou plutôt de ses employés.

» Dans les derniers jours de décembre, l'eau de chaux qui servait à conserver dans de grands vases en terre trois ou quatre cent mille œufs appartenant à l'État vint à geler. Ces œufs allaient être perdus ; aussi M. Magnin fut-il enchanté de nous les repasser au prix de quinze centimes la pièce.

» Les vases tout gelés furent, sans difficulté, transportés à l'Hôtel-Dieu où, dans une pièce chauffée, les compteurs-mireurs de la ville procédèrent à leur travail.

» Leur besogne terminée, je me trouvais fort embarrassé en face de trois cent vingt-deux mille œufs, que faute de paille, je ne savais comment livrer, les œufs ne se transportant pas comme les pommes de terre. Heureusement, un fabricant de registres du quartier vint me tirer de peine en me vendant, pas trop cher, son stock de rognures de papier.

» A la suite des affaires de Champigny — 30 novembre et 2 décembre — l'agent général de l'Assistance, M. Michel Möring, m'envoya chercher à onze heures du soir pour me dire que l'intendance militaire se déchargeait sur nous du soin de la distribution des vivres aux seize mille blessés en traitement chez les particuliers.

» — Les vivres vous seront fournis par l'intendance, cela va de soi, me dit-il, les quantités à délivrer journellement à chaque blessé vous seront indiquées. Reste le côté pratique de la distribution. Comment comptez-vous organiser ce service ?

» — Vous me prenez au dépourvu, lui répondis-je. Je vais y réfléchir et demain matin si j'ai trouvé quelque chose, je viendrai vous le soumettre

» Le lendemain, après avoir longuement discuté l'affaire avec mon ami Varnier, chef de la division des hôpitaux, et reconnu que la distribution *directe* à l'Approvisionnement des vivres à seize mille blessés était absolument impraticable, nous proposâmes à M. Möring de diviser Paris en dix secteurs, avec un hôpital comme centre administratif et un nombre indéterminé de maisons de secours où se ferait la distribution.

» D'après notre projet, chaque blessé devait toucher ou plutôt faire toucher ses vivres dans la maison de secours la plus proche. L'hôpital secteur devait totaliser les demandes et m'indiquer en bloc les quantités nécessaires.

» Ces chiffres connus, je devais dès le lendemain envoyer, par la voiture de chaque hôpital secteur, les vivres demandés la veille et ce même hôpital devait les partager à son tour entre ses maisons de secours.

» Dans la journée, M. Michel Möring réunit dans la salle du Conseil les directeurs des dix hôpitaux choisis et les intendants militaires ; il leur exposa le projet qui fut adopté sans modification.

» Dès le lendemain matin, j'allais à l'intendance, j'indiquais approximativement les besoins du service et je me faisais signer des bons de livraisons de viande fraîche, de riz, de vin, d'eau-de-vie, de sucre et de café.

» La viande m'était livrée sur pied au marché aux chevaux et le surplus à la manutention, quai Debilly.

» Les chevaux étaient abattus dans les échaudoirs de la boucherie des hôpitaux et la répartition entre les hôpitaux secteurs était faite à l'Approvisionnement.

» L'Intendance militaire était très large dans ses livraisons, trop large peut-être car loin de discuter les quotités de nos demandes, elle avait plutôt tendance à les exagérer, surtout pour la viande dont nous avions toujours plus qu'il n'était nécessaire pour les distributions aux blessés, alors qu'on en manquait dans nos hôpitaux. Profitant de cet excès de générosité, j'ai pu faire bénéficier nos administrés de quarante à quarante et un mille kilogrammes de viande que l'Administration va avoir à payer à l'État, quand nous rendrons nos comptes,

» M. Magnin qui, de son côté, connaissait notre pénurie en viande fraîche nous cédait de temps à autre au prix de un franc quarante centimes le kilogramme la viande provenant de l'abatage des vaches laitières entretenues dans les abattoirs. C'est ainsi qu'il fut livré à l'approvisionnement :

En décembre. . . 14.693^{kg},500 de viande de vache.
En janvier. . . . 831 » — —
TOTAL. . . 15.524^{kg},500

» Nous pouvions encore nous procurer de temps en temps quelques légumes frais provenant de marais clos de murs, et par conséquent à l'abri des maraudeurs, mais que de peines, que de précautions pour les amener jusqu'à nos magasins.

» Dans le milieu de janvier, le pain des hôpitaux était à peu près immangeable; c'est alors que je livrai à la boulangerie centrale, trente mille kilogrammes de blé que j'avais en dépôt dans notre sous-sol.

» Ce blé m'avait été confié avant l'investissement par un de nos fournisseurs, un sieur Michaud, gros cultivateur des environs de Meaux, qui, fuyant devant l'invasion allemande, s'était réfugié en Touraine et tenait à se débarrasser d'un impédiment aussi encombrant.

» Mon homme, lorsqu'il revint à Paris, après la guerre, s'attendait bien à ne pas retrouver son blé; il fut agréablement surpris en apprenant que, sans autorisation, j'avais vendu, *au cours du jour de la livraison*, son blé aux hôpitaux. En touchant son mandat à la caisse de l'Assistance, il était si joyeux qu'il en oubliait sa ferme saccagée par l'ennemi.

» A la fin de janvier nos dernières ressources étaient épuisées, plus de légumes, plus de pommes de terre, plus rien. C'était la fin de la fin, lorsque, le 28, l'armistice fut signé.

» Pendant le siège, j'avais, à tout hasard, écrit par

ballon à plusieurs de nos fournisseurs de province pour les inviter à se tenir prêts à nous ravitailler dès que Paris serait débloqué et j'étais sûr que chacun d'eux s'empresserait de répondre à mon appel. Je fus donc médiocrement surpris, lorsque, le 2 février, c'est-à-dire le jour même où les Prussiens permirent à quelques personnes du dehors d'entrer dans Paris, de recevoir un mot d'un cultivateur de Montesson, Gauthier, dit Lagobaille, qui m'annonçait sa présence à Courbevoie, avec quatre voitures de légumes; « il m'attendait, disait-il, et, si je pouvais arriver jusqu'à lui, j'obtiendrais facilement des autorités allemandes la permission de rentrer ses voitures dans Paris. »

» Je partis immédiatement; le pont de Courbevoie, lorsque j'y arrivais, offrait un étrange spectacle.

» A l'entrée du pont, du côté de Paris, un cordon de gardes républicains et de sergents de ville retenait à grand'peine une population famélique, et, du côté de Courbevoie, des soldats allemands à grands coups de crosse faisaient ranger la foule.

» Au milieu du pont une haute barricade de pavés ne laissait qu'un étroit passage de voiture. Un peu en arrière un billard, pris dans quelque café voisin, servait de piédestal à une douzaine d'officiers allemands frais, roses, faisant des effets de torse, la lorgnette à la main, et c'est à leurs pieds que je dus passer!

» A Courbevoie, je trouvai mon homme et ses

quatre voitures, et à la commendature j'obtins, sans trop de difficultés, du major allemand, l'autorisation de traverser le pont avec mes hommes et mes voitures.

» A notre sortie du pont, nous fûmes entourés d'une nuée de maraudeurs, trois voitures furent sauvées grâce à l'énergie de leurs charretiers qui, sans se préoccuper des accidents possibles, lancèrent leurs chevaux au galop ; quant à la quatrième, elle fut pillée jusqu'au fouet du charretier, jusqu'à sa limousine. Il fallait voir comme, du haut de leur billard, les officiers prussiens se gaudissaient de ces scènes de pillage !

» Cette obligation de passer sous l'œil insolent d'officiers allemands était un vrai supplice, mais il le fallait. Le lendemain et les jours suivants, je retournai à Courbevoie et je fus assez heureux pour ramener intactes dans Paris nombre de voitures de légumes et de pommes de terre.

» Le 10 février, pendant que j'étais à Courbevoie, arriva du quartier général allemand l'ordre de ne plus laisser entrer de vivres par Courbevoie et Saint-Denis, mais cet ordre ne me fut pas appliqué, grâce à un sauf-conduit, signé par le major général de l'armée allemande, que m'avait fait obtenir M. Jules Favre, mon compatriote, et grâce surtout à la lettre qu'il m'avait remise comme ministre des Affaires étrangères, pour l'officier prussien commandant à Courbevoie.

» Les chemins de fer avaient repris, tant bien que mal, leur service et, le 11 février, un de nos fournisseurs, M. Simon, de Port-Boulet, nous arrivait, après cinq jours de voyage, avec toute une cargaison de beurre salé et de beurre frais.

» Le 12, nous recevions de la volaille;
» Le 14, du poisson salé;
» Le 18, du fruit et du fromage;
» Le 20, de la marée.

» A partir de ce moment, les arrivages sur le carreau des Halles devenaient si considérables que l'on ne trouvait plus d'acquéreurs. Cette abondance fut la ruine d'une foule de pauvres diables d'expéditeurs qui avaient mal calculé leur temps.

» Une seule denrée était toujours rare, c'était la viande dont les prix se maintenaient très élevés. Nous aurions souffert de cette rareté si les dons anglais n'étaient venus à notre aide.

» Ces dons de la population anglaise aux pauvres de Paris se composaient de cinquante ou soixante wagons de conserves de viande, de bouillon, d'essence de bœuf, de biscuits de mer, de gâteaux secs, de farine, etc.

» De la bonne viande fraîche aurait certes mieux valu que ces conserves australiennes, mais, après cinq mois de siège, personne, dans nos hopitaux et hospices ne se montrait difficile.

» Les fourneaux économiques et les milliers de blessés traités par les particuliers avaient singulièrement compliqué notre comptabilité. Nous avions heureusement à l'Approvisionnement un comptable hors ligne, M. Mongin, qui, avec un dévoûment sans pareil, sut mener à bonne fin ce travail écrasant, de telle sorte qu'au règlement définitif, nos comptes furent trouvés si clairs, nos pièces justificatives en ordre si parfait, que le ministre du Commerce et l'Intendance militaire nous empruntèrent nos chiffres pour établir leurs comptes avec nous.

» Peu à peu, notre service avait repris sa marche normale, nous commencions à respirer lorsque, le 18 mars, éclata la Commune; deux ou trois jours après, le directeur général, M. Michel Möring, partait pour Versailles et les employés du chef-lieu recevaient l'ordre de se retirer; les directeurs des établissements hospitaliers et des magasins généraux restaient seuls à leur poste, mais sans direction réelle.

» Le préfet de la Seine, M. Jules Ferry, avait dit à Versailles, à nos deux collègues Brelet et Morisot *que nous pouvions* rester à la tête de nos établissements tant que le gouvernement insurrectionnel ne nous demanderait que des actes administratifs.

» Le 3 avril 1871, le sieur Treilhard, que la Commune avait désigné en remplacement de M. Möring me fit prier de passer à son cabinet.

» Le père Treilhard, comme nous l'appelions entre nous, était un petit homme assez gros, de cinquante-cinq à soixante ans, pas décoratif pour un sou, mais pas antipathique non plus ; la figure était souriante et il regardait les gens droit dans les yeux.

» — Monsieur, me dit-il, je vous ai fait appeler pour vous demander si vous comptiez rester à la tête de votre service ; quelles étaient, enfin, vos intentions.

» — Tout dépend de vous, lui répondis-je, j'ai reçu l'ordre de mon administration d'assurer le service de l'approvisionnement ; donc, je dois rester pour pourvoir aux besoins de nos administrés. Mais, je ne puis vous obliger à me maintenir en place ; seulement, je puis vous déclarer que si vous me laissez en fonctions, jamais je ne vous demanderai un centime, de même que je n'accepterai jamais d'ordre de vous.

» Mon départ l'eût plongé dans le plus grand embarras, il se résigna donc et ayant besoin de mon concours il accepta, en homme d'esprit, ma profession de foi.

» Nos positions respectives étant ainsi établies et consenties, nous avons pu, pendant les deux mois de la Commune, continuer notre service sans fournir de situation de caisse, ni de pièces comptables, ni d'état du personnel, sans réponse écrite ou verbale aux lettres et circulaires de cette nouvelle direction.

» Notre situation n'était pourtant pas sans péril; ainsi, le 9 avril, à sept heures du matin, nous fûmes arrêtés, M. Lebaron, M. Mongin et moi, et conduits au poste de la rue Berger. Là, nous eûmes à subir l'interrogatoire d'un commissaire de police, fonctionnaire de fraîche date.

» Embarrassé par la précision de nos réponses, ne sachant peut-être même pas pourquoi on nous arrêtait, il ne vit rien de plus simple que de nous expédier, sous bonne escorte, au pouvoir exécutif à l'Hôtel de Ville.

» On nous fit monter et redescendre nombre d'escaliers, on nous promena de corridor en corridor toujours à la recherche d'une autorité quelconque, pour le moment introuvable, puis, sentant le côté ridicule de son rôle, le caporal qui commandait notre escorte, un vrai gamin de Paris, nous dit : « Ah ! c'est comme ça, et bien filez en douceur, ils vous repigeront s'ils ont besoin de vous. »

» Des individus se disant délégués, les uns de la Commune, les autres du ministère du Commerce, se succédaient à l'envi dans notre pavillon ; tous nous menaçaient de nous jeter dehors et paraissaient fort disposés à le faire. Ces messieurs, qui n'avaient pas été élevés sur les genoux des Précieuses, se servaient, vis-à-vis de nous, d'épithètes si peu parlementaires qu'un jour un de nos hommes, emporté par la colère, administra à un de ces délégués une correction dont il doit garder le souvenir. Ce même délégué, soit dit entre parenthèse, levait le pied huit jours avant l'entrée des troupes de Versailles avec vingt-huit mille francs provenant d'une vente de conserves de sardines appartenant à l'État.

» L'existence, par trop accidentée, que nous menions devenait à la longue intolérable; pour y mettre fin, j'allai trouver M. Treilhard pour lui annoncer mon départ et celui de mon personnel.

» M. Treilhard protesta contre cette résolution, il m'affirma que notre arrestation et les scènes violentes dont je me plaignais, étaient le résultat de malentendus qu'il saurait bien faire cesser et il me pria de revenir le jour même à cinq heures.

» Je restai un moment indécis, je craignais un piège (j'ai su quelque jour plus tard par le secrétaire général, un M. Laborde, que j'eusse été dénoncé par le père Treilhard lui-même, et cette fois sans malentendu, si j'avais persisté à me retirer); prenant mon parti, je lui répondis que je serais exact au rendez-vous.

» A cinq heures toquantes, j'étais de retour. Debout, derrière M. Treilhard, immobile et muet, tout de noir habillé, avec écharpe et ceinture rouge et la boutonnière fleurie d'un gros chou rouge auquel pendait je ne sait quel attribut en métal, se tenait un personnage maigre et pâle.

» — Monsieur, me dit en souriant M. Treilhard, vos ennuis vont cesser, lisez ceci, que vient de me remettre le citoyen — de la main il me désignait le personnage muet ; — et il me tendit une feuille de papier à l'en-tête de la préfecture de police. Cette pièce disait : « Le citoyen Lafabrègue, directeur des approvisionnements des hôpitaux de Paris, est autorisé à occuper dans le pavillon n° 6 des Halles centrales les locaux qui ont été affectés à son service et à requérir la force publique en cas de besoin. Signé : Ollivier. »

» Je n'avais plus rien à dire.

» Je fus quelque temps sans revoir le citoyen Treilhard, cependant je vins un jour à lui en solliciteur. Voici à quelle occasion : mon collègue Ramelet avait été arrêté, les amis Phélip et Le Bas avaient tenté quelques démarches qui n'avaient pas abouti. Je voulais voir si je serais plus heureux. J'exposai ma demande à M. Treilhard qui me répondit: « Votre ami Ramelet n'aime pas la Commune, c'est son droit jusqu'à un certain point, mais il ne faut pas qu'il s'amuse à lui jouer de mauvais petits tours, il est puni et mérite de l'être, toutefois, pour être agréable à vous et à vos collègues je parlerai en sa faveur au citoyen Protot.

» L'a-t-il fait? J'en puis douter, puisque Ramelet n'est sorti de prison qu'au moment de l'entrée des troupes dans Paris.

» Dès les premiers jours de la Commune, nous avions collectionné, à l'Approvisionnement, tous les passeports et laissez-passer que nos fournisseurs de province se procuraient au nom d'habitants de leur commune. Avec ces permis nous faisions sortir de Paris les employés et serviteurs qui s'adressaient à nous, ainsi que les jeunes gens que l'on voulait incorporer dans les bataillons des fédérés.

» C'est avec le passeport de M. Simon, de Port-Boulet, dont le signalement répondait assez bien au sien que Brelet put quitter Paris une heure avant qu'on vînt pour l'arrêter à l'Hôtel-Dieu.

» David, le concierge de l'administration qui, ayant eu vent de cette arrestation, était venu bien vite nous avertir, put, peu de temps, après se retirer à Versailles avec un de nos permis.

» Moi-même, chaque semaine, muni d'un passeport que je m'étais fait délivrer au nom de M. Fournier, épicier, rue de la Cossonnerie, je me rendais à Versailles.

» L'existence que nous menions était un peu fiévreuse, mais l'heure du dénouement approchait.

» Le dimanche 21 mai 1871, les troupes entraient dans Paris, le jeudi 25, elles étaient maîtresses des Halles : notre bureau que nous avions quitté la veille au milieu de la fusillade, était criblé de balles et quand, avec Lebaron, nous en reprîmes possession, deux pauvres petits lignards gisaient sur le parquet.

» Dans un de mes voyages à Versailles, M. Michel Möring m'avait donné l'ordre de m'installer à l'Administration centrale aussitôt que cela serait possible et de prendre, en attendant son arrivée, toutes les mesures que je croirais nécessaires. En quittant l'Approvisionnement où je n'avais plus rien à faire, je me rendis, en grande hâte, au Châtelet, auprès du général Verger, auquel, après lui avoir dit qui j'étais, je demandai l'autorisation d'aller au chef-lieu. A ce moment l'Hôtel de Ville était encore au pouvoir de la Commune, mais l'on ne se battait plus avenue Victoria ni sur la place.

» Quel spectacle offrait notre pauvre Administration ! il était à peine huit heures et depuis minuit l'œuvre des incendiaires était commencée ! Par l'escalier du côté de l'avenue Victoria, je pus arriver jusqu'à la division des hôpitaux. L'étage au-dessus et les archives étaient en feu. Le dépôt des imprimés et celui des dossiers de secours formaient deux énormes brasiers. Le secrétariat et l'escalier de la Direction étaient en flammes. Le cabinet du secrétaire général commençait à brûler.

» Avec de prompts secours, il aurait été encore possible de sauver une partie des bâtiments, mais où trouver ces secours d'urgence? J'étais seul, errant, désespéré, lorsqu'enfin je vis arriver quelques pompiers de Saint-Germain. Je courus à l'officier qui les commandait, et le conjurai de sauver tout ce qui n'était pas détruit. Pour toute réponse, il me montra ses pompes que l'on venait de mettre en batterie et qui, manœuvrées par trop peu de monde, pouvaient à peine envoyer de l'eau au plafond de l'entresol.

» — Ce sont les bras qui nous manquent.

» — Je vais tâcher de vous en procurer, lui dis-je.

» Et au pas de course, je me dirigeai vers l'Hôtel-Dieu.

» L'Hôtel-Dieu était occupé par une compagnie du 10ᵉ bataillon de chasseurs à pied. Aidé du concierge, je rassemblai une douzaine de serviteurs habitués au maniement des pompes et je les dirigeai sur l'Administration centrale, où mon camarade Imard, après que l'Hôtel de Ville eut sauté venait prendre leur direction.

» A ce moment, M. le docteur Brouardel m'apprit que Paget-Lupicin, directeur de par la Commune, venait de lui remettre le service, qu'il s'empressait à son tour de m'abandonner.

» Les blessés arrivaient en si grand nombre, que, d'accord avec M. le docteur Brouardel et M. le docteur Constantin Paul, des salles de médecine femmes furent transformées en salles de chirurgie.

» Un jeune employé de l'Hôtel-Dieu, M. Parturier, qui avait abandonné le service lors de la nomination d'un Directeur de la Commune et venait de reprendre son poste, nous a rendu, à ce moment, les plus grands services.

« Dans cette seule journée du 25 mai, il a été amené cent trente blessés et soixante-quinze cadavres, qui, ne pouvant être conduits à la Morgue, ont été déposés dans les salles inachevées du nouvel Hôtel-Dieu.

» Sur les trois heures, nous eûmes un commencement d'incendie, un obus venant d'éclater dans les combles de l'hôpital ; un instant plus tard un autre obus traversait un mur de la communauté.

» Dans cette nuit du jeudi au vendredi, sans que j'en eusse donné l'ordre, tout le monde resta debout. Je sais bien que, pour ma part, il m'eût été impossible de prendre un moment de repos : le sifflement ininterrompu des obus, la fusillade de l'île Saint-Louis, les lueurs de l'incendie de nos monuments, autour de nous, tout un monde inconnu, peut-être hostile, expliquent l'état de surexcitation nerveuse qui m'empêchait de sentir la fatigue.

» Dès mon arrivée à l'Hôtel-Dieu, j'avais écrit à Brelet, que je savais à Berck, pour l'informer de ma prise de possession de son établissement et pour l'inviter à hâter son retour. Enfin, le lundi 29 mai, je lui remettais le service.

» Quant au citoyen Paget-Lupicin, que j'avais retenu à l'Hôtel-Dieu, on vint de la Préfecture de police le réclamer, mais le lendemain de son arrestation, à notre profond étonnement, il était de retour. Il venait reprendre son écharpe, sa cravate et *sa paire de chaussettes qu'il avait confiée aux sœurs pour être lavée.*

» Cette prompte liberté, l'assurance et les sourires narquois de cet homme qui, les jours précédents tremblait à la pensée d'être livré à l'autorité militaire, laissent le champ libre à une foule de suppositions peu charitables.

» Qu'étaient devenus, durant la sanglante semaine, les deux Treilhard, le père et le fils? J'ai su, après les événements, que ce dernier avait été arrêté et devait passer en jugement. Quant au père, il a été fusillé, là-bas, du côté du Jardin des Plantes, le jeudi ou le vendredi.

» Pendant et même après la Commune, nous avons été diversement jugés. Les uns nous ont blâmés d'être restés à nos postes au lieu de suivre l'Agent général à Versailles; les autres, au contraire, nous ont approuvés complètement. C'était une question d'appréciation et de tempérament; tout jugement, en somme, est libre et respectable s'il est impartial et s'il ne prend pas sa source dans un sentiment de malveillance.

» Ceux qui sont restés, et je suis de ce nombre, à défaut d'ordres précis, ont pris simplement conseil de leur conscience. Ils ont jugé que leur mission les obligeait à braver le danger (s'il y avait danger), à lutter jusqu'au bout. Si, après la prise de Paris, il nous avait fallu discuter avec ceux qui étaient d'une opinion contraire, n'aurions-nous pas été en droit de leur demander ce qui serait resté de nos hôpitaux, si nous n'avions pas été là pour les défendre?

» Si, pour mon compte, j'avais à répondre de ma conduite, je demanderais ce que j'avais à sauvegarder? Quel intérêt me guidait? Je n'étais pas logé dans mon établissement, les miens étaient à l'abri. Quel motif pouvait donc me retenir, sinon la pensée d'un devoir à remplir? C'est dans cette pensée que je suis resté dans Paris avec mon personnel, tous gens de cœur qui ne m'ont point abandonné pendant ces jours d'épreuve, alors que la France frémissante suivait les événements avec terreur.

» RENÉ LAFABRÈGUE. »

* *
*

Une semaine encore écoulée, accumulant les souvenirs et les témoignages, qui deviennent pour moi comme des récits faits par quelque revenant des pays lointains, tandis que l'on était soi-même perdu dans l'immensité.

On commence à respirer de plus en plus librement, à se reprendre après cette tourmente. On revoit peu à peu les amis ; on s'interroge, on se raconte sans se lasser de quelle façon on a vécu à travers la canonnade, la fusillade, la flamme des incendies et les aventures, en ces jours tragiques.

J'ai pensé bien souvent à l'Opéra ; j'ai rarement franchi, depuis le siège, sa large porte, pénétré dans la cour ombragée et revu le petit jardin paisible, où passent, d'un pas leste les artistes s'engouffrant à gauche dans le passage voûté qui mène à l'escalier des coulisses ; où, à droite, s'en vont vers les bureaux de la direction, les auteurs, les journalistes, les abonnés et les amis.

Que de causeries, là, peu de mois auparavant, à la veille des batailles, avec Perrin, le directeur, grave, froid, énigmatiquement souriant, avec du Locle, son secrétaire, avec Charles Nuitter, auteur dramatique, bibliophile, archéologue, attaché à l'Opéra, comme à une maison natale, courtois et aimable collaborateur, en compagnie duquel j'ai fait au théâtre mes premières armes. C'est dans l'étroite pièce réservée au secrétaire et séparée par une autre petite pièce du grand cabinet directorial, où se tient Perrin au milieu des livres, des papiers, des dessins, devant son grand bureau d'acajou aux ornements de bronze doré, que j'ai connu les premières émotions de la vie du théâtre.

C'est là que j'ai vu passer les maîtres de l'Art et de la Critique, entendu pour la première fois le pittoresque langage de Gounod, coudoyé Théophile Gautier, Fiorentino, Faure et tant d'autres personnalités à qui je n'osais guère parler, mais dont la fréquentation indirecte me ravissait. C'est là, aussi, hélas! que j'ai entendu un jeune officier tout rayonnant d'espérance et de confiance, nous expliquer les formidables avantages de la mitrailleuse et comme quoi, devant elle, les bataillons prussiens s'évaporeraient comme des nuées. Et depuis!... J'ai rencontré Charles Nuitter. Il a repris sa place à l'Opéra. Et le voilà en train de ranger, d'organiser, de cataloguer. Cette bibliothèque de l'Opéra sera son œuvre. Il y travaille rien que pour l'honneur; il furète chez tous les bouquinistes et les marchands de curiosités, et c'est une joie d'enfant quand il a fait quelque découverte! Vrai Parisien, il vit avec son père comme avec un frère aîné, dans son appartement du faubourg Saint-Honoré, plein de livres et de vieux meubles chers à ces deux amis, toujours rencontrés au bras l'un de l'autre, souriant de ce bon et tranquille sourire où se marquent la quiétude de la vie et la philosophie de la pensée.

Quand la Commune est venue, ils ont eu un instant l'idée de s'expatrier, d'aller chercher quelque coin tranquille où l'on n'entendît plus souffler l'orage; puis, ils ont pensé avec inquiétude à ce qu'il leur faudrait abandonner de souvenirs précieux dans leur logis déserté, et ils sont restés, attendant la fortune bonne ou mauvaise.

Nuitter est d'ailleurs attaché à Paris autant que le légendaire Roqueplan. Madame de Staël n'aimait pas le ruisseau de la rue du Bac, plus que lui la rigole du faubourg Saint-Honoré.

Il est allé une fois en Normandie, je crois, et pendant la Commune, les intérêts de l'Opéra, dont on l'avait nommé séquestre, les rapports avec Perrin, l'ont obligé à se rendre quelquefois à Saint-Denis. C'est tout.

Pendant la grande bataille de mai, il a dû se tenir chez lui. Mais il s'impatientait! Il voulait savoir!

— Racontez-moi, lui ai-je demandé, comment vous avez rejoint l'Opéra et dans quel état vous l'avez trouvé?

— Ce n'a pas été commode. Dès que les soldats de la ligne ont paru dans le faubourg et dépassé le 83 où nous habitons, nous sommes descendus, mon père et moi, pour aller aux nouvelles. Le premier jour, ce n'a pas été possible. Une batterie barrait le boulevard Malesherbes, balayé sans relâche par le feu. Le jour suivant, nous sommes parvenus un peu plus loin : il a fallu pourtant battre encore en retraite. Enfin le troisième jour, par la rue des Mathurins et le boulevard Haussmann, nous avons pu atteindre la rue Drouot et rentrer à l'Opéra.

» Cette route semée de cadavres, nous l'avons faite lentement, en rasant les murs, à cause des obus qui arrivaient à tout instant de la batterie installée au Père-Lachaise par les fédérés.

» L'Opéra était occupé par deux compagnies ayant chacune un capitaine et occupant, l'une le côté de l'administration, c'est-à-dire les bâtiments à droite en entrant dans la cour, l'autre le bâtiment de l'entrée du personnel à gauche.

» Il y avait dans la cour, une foule de gens arrêtés et, à tout instant, on en amenait d'autres.

» Le capitaine, du côté de l'administration, faisait enfermer dans les caves ceux qui lui étaient présentés ; le capitaine, du côté du théâtre, les faisait immédiatement fusiller.

» Parmi ces gens, certains avaient été pris les armes

à la main, d'autres gardaient quelque partie de leur uniforme ; d'autres ne se révélaient combattants par aucun signe immédiatement apparent. Mais on examinait leurs chaussures ; s'ils avaient aux pieds des godillots, leur affaire était jugée ; on les retenait.

» Et selon que la chance les envoyait devant le capitaine de gauche ou le capitaine de droite, ils étaient encavés ou fusillés.

» Pourquoi ? On n'en a jamais rien su.

» Les prisonniers de la cave devaient être convoyés sur Versailles ou sur quelque autre dépôt dans Paris ; ceux que l'on exécutait étaient fusillés dans la cour même au fond, contre le mur, maintenant tout percé de balles. J'ai la photographie de ce mur, appelé à disparaître quelque jour. C'est un document pour mes archives. Malgré les petites dimensions de l'épreuve, on y distingue très bien la trace des coups de feu.

» Pendant ces tristes scènes, auxquelles il nous fallait assister, quelques jeunes soldats demeuraient au repos, assis ou couchés sur l'escalier du perron de gauche. Quelques-uns, trouvant dans les foyers, le matériel et les accessoires ayant servi pour la représentation de *Freyschütz* et de *Coppélia*, le dernier spectacle de l'Opéra, avaient pris les crânes, les masques et les draperies des fantômes qui apparaissaient dans l'opéra de Weber, à la scène de la fonte des balles. De telle sorte que l'on voyait, là, veiller sur l'escalier, le fusil entre les jambes, des soldats drapés de suaires, avec des têtes de morts branlantes et grimaçantes.

» Et, pendant ce temps, la vie tumultueuse continuait. Et le plein soleil éclairant ces crânes blancs aux orbites sombres, sur ces uniformes de troupier, tandis qu'éclatait de temps en temps une fusillade au fond de la cour et que des groupes mornes attendaient le jugement sommaire, cela faisait un tableau d'une saisissante horreur.

» J'ai trouvé les services de l'Opéra à peu près tels que Perrin les avait laissés. Il n'y a d'ailleurs été donné aucune représentation pendant la Commune. »

Le récit de Nuitter ne saurait être contesté. — Si aucune représentation n'a été donnée à l'Opéra durant la Commune, il en a été du moins annoncé une, dont j'ai précédemment recueilli en grande partie le programme.

L'entrée des troupes a empêché cette représentation indiquée pour le lundi 22 mai.

*
* *

Nous voilà maintenant comme des oiseaux, la cage ouverte. Nous venons de faire une partie de campagne, une vraie ! Nous sommes allés passer la journée à Noisy-le-Grand, au bord de la Marne, dans la jolie maison claire de Jules Varnier, perchée à mi-côte et toute noyée de verdure.

Une chose nous gâte ce beau paysage : les soldats prussiens qui occupent tout ce riant pays et que depuis Paris nous rencontrons à toute minute, assis devant leurs postes, ou flânant le long des routes.

Sur l'omnibus qui va de Nogent-sur-Marne à Noisy-le-Grand il y en avait trois, trois officiers, sur l'impériale à côté de nous. Capotes sombres, casquettes plates, figures juvéniles, air réservé, froid, causant discrètement entre eux. Sur la banquette, derrière, deux ou trois jeunes gens, des Parisiens assurément, riaient, blaguaient, ne ménageaient pas les allusions aux Allemands, les fanfaronnades vaines. Je n'ai pas aimé cela. J'aurais voulu trouver plus de dignité chez les nôtres. Mais nous avons été si peu habitués à la défaite ! Nous ne sommes pas encore faits à cette situation qui nous commanderait le silence devant ceux qui, au moins pour un temps, jusqu'à ce qu'on les ait payés pour qu'ils s'en aillent, seront les maîtres chez nous.

Les autres écoutaient les blagues sans y répondre ; un sourire de dédain tendait leurs lèvres, attitude sans doute commandée par la discipline rigide, rigoureusement observée.

. . . .

La végétation est superbe en ce doux mois où le printemps finit, où l'été commence. Mais les pierres et le fer parlent encore de la guerre récente. Les ponts ne sont pas rétablis ; les piles blanches sont en partie détruites par le canon, les fils métalliques pendent et traînent dans l'eau en écheveaux embrouillés. Dans Petit-Bry, les murs sont crénelés, abattus par place, les maisons lézardées, trouées de projectiles. On répare lentement.

Après déjeuner, nous avons fait une promenade pédestre bien des fois faite déjà, remonté la Marne tout au bord, le long de la berge, à travers les saules et les prairies. Puis, après une halte dans une guinguette, près des moulins de Gournay, nous avons loué une barque pour revenir à notre point de départ. Et, tout en ramant doucement, nous avons pu causer des jours passés. Que de parties nous avons faites là ou à Paris, Varnier, son frère Henri, son gendre Dujardin-Beaumetz et moi, mettant la cave et le garde-manger sens dessus dessous, pour nous livrer, en amateurs, à l'art culinaire. Jules Varnier s'occupait des vins et des menues friandises, et s'y entendait fort. Le jeune chirurgien Dujardin-Beaumetz réussissait admirablement bien les aubergines frites ; moi, j'avais le département des matelotes et des ravioli à l'italienne. Henri regardait et n'entrait dans le service actif qu'une fois à table. Oh! ces gais dîners d'antan, qu'ils sont loin !

Comme nous devisions, nous laissant aller à la dérive, nous apparaît, tout à coup, un petit bateau, monté par un petit Prussien, suivant ou pour mieux dire, essayant de suivre la même route que nous ; à l'un des tournants de la rivière, il y a des remous, des tourbillons assez forts. Et voilà le petit bateau, évidemment mené par une main novice, abandonné plutôt au caprice de l'eau, par un passager ne sachant pas ramer, qui commence à tournoyer, valse lente, rappelant peut-être au jeune soldat sa Gretchen qui l'attend là-bas, dans quelque village d'outre-Rhin sous les tilleuls, où ensemble, ils ont dansé depuis leur petite enfance.

Et il se complaît sans doute en l'évocation de cette image, car il sourit d'un air béat, en passant près de nous, étendant les bras comme un balancier au-dessus de la barque tournoyante.

Mais, bientôt, nous le voyons s'agiter avec inquiétude ; nous entendons ses cris ; il est en détresse évidemment. Le petit bateau va maintenant d'une allure lente, comme embarrassé dans les longues herbes qui flottent pareilles à d'épaisses chevelures vertes à la surface de l'eau. La rive n'est qu'à trois ou quatre longueurs de rames ; notre bonhomme se démène pour y toucher. A trois mètres du bord, il s'impatiente, il saute, croyant sans doute avoir pied, et le voilà en train de se noyer, les mains battant l'eau, les yeux tout ronds et criant à pleine gorge.

Nous nous consultons un instant du regard : C'en serait toujours un de moins !

Puis, l'humanité l'emporte. Nous rattrapons notre petit Prussien ; nous le campons sur la terre ferme, l'air pataud, lourd de ses bottes pleines d'eau, et il s'en va, aussi vite qu'il peut courir, sans un mot, sans un regard en arrière.

Ironiques, nous lui crions deux ou trois fois : « Merci ! Merci !... »

Et de loin, comme étonnée, sa voix grêle nous arrive, répétant : « Oh ! oh !... Merci !... »

**

Nous sommes rentrés ce soir dans Paris, qui semble encore tout tremblant de fièvre. C'est que les affaires de la France ne sont pas réglées et sont loin de l'être.

Les esprits restent encore pleins d'inquiétude, les cœurs gonflés de souvenirs amers.

Nos poumons se sont emplis d'air pur, nous avons vu les blés roux ondoyer sous la brise tiède et les papillons blancs se poursuivre à travers les herbes, et les grands chênes étendre sur nos fronts leurs bras chargés de feuilles ; il y a eu de la joie autour de nous, durant cette journée, mais la nature impassible ne peut nous imposer son calme souverain ; tout en elle nous conseille d'oublier, tout en nos âmes nous crie de nous souvenir.

La nuit est douce ; dans le ciel transparent, la lune monte toute rose au-dessus de la masse noire des arbres. De sa face éternellement souriante, elle regarde les choses. Et des scènes d'horreur qu'elle a éclairées depuis tant de siècles, des lacs rouges de sang où s'est reflété son large disque ou son fin croissant, des misères, des crimes et des catastrophes qu'elle a vus, aussi bien que des fêtes, des voluptés et des allégresses qu'elle a baignées de sa tendre lumière, rien n'a troublé, même une seconde, la sérénité de sa marche.

Comme son frère le soleil, comme les étoiles lointaines, frissonnantes dans les profondeurs de l'espace, moqueuse elle semble dire à l'homme quelle petite chose il est, insignifiante dans l'infini.

— Allons, mauvais philosophe, va te coucher ! Ce que tu viens d'écrire, n'a été dit que quelques milliers de fois ! »

* *
*

30 juin. — Pendant que Paris souffrait du froid, de la faim, des angoisses de la séparation, comment la province a-t-elle pris les choses? On accuse déjà quelques représentants des départements d'un sentiment légèrement hostile à Paris; on les appelle les ruraux, on les taxe d'égoïsme. Ils ne voient pas que Paris n'était pas seulement Paris, durant ces mois terribles, qu'il était la France elle-même.

Hélas! beaucoup là-bas, dans le Centre, dans l'Ouest, dans le Sud-Ouest, ont vécu, ignorants de l'histoire tragique qui s'accomplissait ici; ils n'ont pas lu de journaux peut-être; ils n'ont rien vu au delà de leur horizon étroit, rien au-dessus de leur intérêt immédiat et mesquin.

Puis, on nous raconte des légendes de paysans hostiles aux nôtres, favorables à l'ennemi parce qu'il payait mieux. Il faut ne pas croire à cela, ne pas toucher à cette image sacrée du patriotisme pur que la tradition séculaire a mise à la plus haute place dans nos âmes françaises.

Il y a beaucoup d'inconscience, dans ce qui est reproché à ceux qui ont senti passer sur eux le souffle de la guerre et la terreur de l'invasion, mais ne les ont point réellement connues.

Le paysan est amoureux de la terre, du bien au soleil, de la récolte saine, abondante et drue. Ce n'est guère que lorsque la patrie en fait un soldat que son âme s'ouvre et que peut surgir de lui quelque héros !

Et je ne veux ni m'indigner ni m'étonner de ce mot pourtant bien caractéristique qu'on me rapporte.

Il est d'un homme des champs à qui un Parisien, de retour dans sa campagne natale, disait tristement.

— Eh bien, mon ami, en voilà des malheurs, n'est-ce pas ? Une bien mauvaise année !

Et l'autre profondément touché :

— Oh ! oui, m'sieu ! Ben mauvaise : les blés ont gelé !

Ainsi, la noire fourmilière allemande couvre encore presque la moitié de la France ; une indemnité de guerre de cinq milliards va épuiser pour longtemps ses ressources financières ; on lui arrache violemment deux belles provinces, l'Alsace, la Lorraine, et son flanc saignera éternellement de cette double blessure ; elle est épuisée d'argent, d'hommes et de courage, une guerre fratricide a ensanglanté les rues de Paris, troublé profondément des villes comme Lyon et Marseille, des milliers de ses enfants sont morts de maladie, de misère, ou tombés sur les champs de bataille ; d'autres, plus nombreux, ont connu la dure captivité sur le sol étranger. Elle a pu perdre toute confiance dans le présent, toute espérance dans l'avenir; par des milliers de voix, elle a crié sa peine et sa douleur, par des millions de feuilles, elle a dit ses malheurs aux hommes; le bruit en a retenti jusqu'aux extrémités du monde, et il peut se trouver encore des êtres dont rien de tout cela n'a pu entamer l'indifférence, l'égoïsme ou l'ignorance.

— Mauvaise année. Les blés ont gelé !

FIN

INDEX ALPHABÉTIQUE

A

AGAR, — 20, 203.
Alerte de nuit. — 70.
ALONCLE. — 40.
ANGER (Docteur Benjamin).— 256, 290.
Approvisionnement. — 136, 281.
ARAGO (Emmanuel). — 77.
ARNAULT. — 204.
AUBER. — 202.
AUBERT (Jean). — 13.
AUGIER. — 4, 58.
AZEVEDO. — 58.

B

BAB. — 132.
BABICK. — 189.
BAILLARGER. — 166.
Ba-Ta-Clan (Club). — 68.
BAUDRY. — 22.
BAUZON. — 270.
BECK. — 172.
BENEDETTI. — 10.
BERGERET. — 186.
BERLIOZ. — 58.
BERTALL. — 191.
Béarn (Parc de). — 119.
BÉRANGER. — 19.
Bicêtre. — 100, 127.
BISMARCK. — 11, 78, 124, 132.
BIZET. — 58, 60, 151.
BLAU. — 4, 73, 109, 132, 186.
Bombardement. — 111.
BORDAS. — 203.
BOUCHAUDON. — 43, 49.

BOUILLY. — 132.
BOURGJUGE. — 260.
Brancardiers de la Croix-Rouge. — 119.
BRELET. — 282, 293.
BRIÈRE. — 9.
BROUARDEL. — 308.
BUISSOT. — 116.
Buttes-Chaumont. — 67.

C

CABAT. — 132.
Cachan-Arcueil. — 99.
CADOL. — 74, 76.
CAIGNARD. — 74.
CAMBRAY (de). — 132.
CAMESCASSE. — 132.
CAPDEVIEILLE. — 270.
CARRÉ DE BELLEMARE. — 288.
CARVALHO. — 58.
CARVALHO (Madame). — 59.
CHAILLÉ (de). — 36, 164.
Champigny (Blessés de). — 83, 87, 93, 94.
CHARCOT. — 80, 99. 166.
Charité. — 89.
CHARLES (prince). 25.
CHASLES (Philarète). — 77.
Chasse dans la Salpêtrière. — 108.
Châtelet (Cour martiale du). — 266.

Châtillon. — 64, 69, 112, 148.
CHAUDEY. — 270.
CHAUMY. — 154.
CISSEY (de). — 250.
CLÉMENT-THOMAS. — 184.
Colonne (Renversement de la). — 206.
CONSTANTIN-PAUL. — 309.
Corneille (Lycée). — 239.
CORNU. — 74.
Coupe du roi de Thulé. — 4.
Courbevoie. — 118, 173 et suivantes.
COUTEAU. — 172.
CRUVEILHIER (Docteur). — 71, 154, 166.

D

DAINNE. — 188.
DANBÉ. — 203.
DAVID. — 206.
DELAMARRE. — 284.
DELIBES. — 19, 48.
DELORME. — 166.
DEMARS. — 289.
DESCLÉE. — 132.
DIAZ. — 151.
DORÉ. — 131.
DUCROT (général). — 83, 87, 93.
DUJARDIN-BEAUMETZ. — 319.
DUNON. — 39, etc.
DUVAL. — 185.

E

EMPEREUR (Guillaume). — 156.
EMPEREUR (Napoléon III). — 14, 15.
Enfants-Malades.
Espion, Télégraphie nocturne. — 62.

F

FAURE. — 313.
FAVRE. — 27, 30, 134, 299.
FERMOND. — 81, 149, 151, 166, 217.
FERRY, — 27.
Figaro. — 155.
FIORENTINO. — 313.
FLOURENS. — 186.
FRAINET. — 191.
FRIBOURG. — 153.

G

GAILHARD. — 34.
GARNIER. — 21.
GAUTHIER. — 298.
GAUTIER (Théophile). —313.
GAUTHIER-VILLARS. — 74.
GLAIS-BIZOIN. — 27, 30.
GOBERT. — 86, 95.
GOSSEC. — 204.

GOUNOD. — 59.
GRÉTRY. — 58.
Gringoire (Le).
Guerre (Préliminaires de la). — 8
GUEYMARD. — 34.
GUILBERT. — 271.
GUIRAUD. — 6, 7, 60, 151.

H

HAINL. — 204.
HALÉVY. — 61.
Halles (Les Halles désertes).— 104.
Hautes-Bruyères (Redoute des) — 78, 100, 128.
HÉBERT. — 58.
HEILBRONN. — 7, 13.
HÉROLD. — 58.
Hôtel-Dieu. — 15, 95, 119.
Hôtel de Ville. — 26, 27, 30, 31, 127.
HUGO. — 85.
HUSSON. — 128, 291.

I

IMARD. — 308.
Investissement (Première veille d'armes). — 36.

J

JAHYER (F). — 131, 132.
JAHYER (O). — 131.

Jardin des Plantes. Muséum.
— 26, 86, 89, 103, 143, 145,
164.
JONCIÈRES. — 60
JORDET. — 284.
JOUVIN. — 61.

L

LABORDE. — 304.
LACAZE. — 204.
LAFABRÈGUE. — 136, 281.
LASSIMONIE. — 132.
LEBAILLY. — 163.
LE BAS. — 95, etc.
LEBARON. — 303.
LECOMTE. — 184.
LEFÈVRE. — 288.
LEROY. — 9.
LEUVEN (de). — 5, 14.
LÉAUTÉ. — 74.
LÉON (L.). — 169.
LÉON (P.).
Lobau (Caserne). — 267.
LOCLE (du). — 5, 7, 21.
LOMÉNIE (de). — 74.
LOUDET. — 191.
LUYS. — 166.

M

MAC-MAHON. — 24.
Magasin Central des Hôpitaux
143.

MAGNIN. — 288, 291.
Maison de Santé. — 95.
Mars (Le 18). — 183.
MASSENET. — 62, 151.
Maternité. — 95.
MELCHISSÉDEC. — 204.
MELLERIO. — 75.
Metz (Lettre sur). — 170.
MEYERBEER. — 61.
MICHAUD. — 297.
MICHEL. — 154.
MICHOT. — 204.
MIOT. — 206.
MIRAL. — 9.
MISTRAL. — 59.
MOCKER. — 9.
MONGIN. — 303.
Montretout (Sortie du 19 janvier). — 118, 125.
MOREAU OU MORAND. — 244.
MOREAU DE TOURS. — 166.
MORÈRE. — 204.
MÖRING. — 89, 128, 294.
MORISOT. — 301.
MORNY. — 17.
MOZART. — 60.
MUSSET. — 19.

N

NATHAN. — 7, 9, 13.
NICOLLET. — 272.
NUITTER. — 5, 6, 22, etc.

O

Opéra (Ascension du nouvel). 21.
Opéra (Épisode de mai). 312.
Opéra-Comique. — 3, etc.
OSSIAN BONNET. — 74.

P

PACOT. — 270.
PAGET-LUPICIN. — 310.
Pain frais (Comment nous avons mangé). — 135.
Panthéon. — 216, 17, 126.
Paris (Bataille des rues, incendie, etc.). — 225.
PARTURIER. — 309.
PELLETAN. — 27, 30, 78.
PERRIN. — 21, 314.
PERSIGNY. — 16.
PHELIP. — 188.
PISTOR. — 146.
Pitié. — 89, 163.
POLIGNAC (Prince de). — 151.
Polytechnique (École). — 45, 72, 146.
PONSONNARD. — 172.
Pozzo di Borgho (maison). — 119.
PROTOT. — 306.
PUGNO. — 204.

R

RAMELET. — 305.
RANVIER. — 206.
REDON. — 206.
REGAMEY. — 120.
REGNAULT. — 123.
RÉAL (de). — 288.
RÉBEVAL. — 286.
République (Le 4 Septembre). — 26.
RIEDER. — 206.
RIFFAULT (Général). — 73, 110.
RIGAULT (Raoul). — 183, 270.
ROBIN. — 250.
ROCHEFORT. — 12, 28, 29, 30.
ROLLANT. — 184.
ROQUEPLAN. — 61, 314.
ROSSINI. — 58, 61.
ROUGE. — 191.
ROUSSELLE. — 203.
RUDE. — 87.
RYANT. — 182.

S

Saint-Louis (Hôpital). — 275.
SAINT-SAENS. — 5.
Sainte-Barbe (Collège). — 217, 271.

Sainte-Eugénie (Hôpital). — 206.
Salpêtrière. — (*Passim*).
Samson et Dalila. — 5.
SALVADOR. — 203.
SCHMITT (Général). — 288.
SCUDO. — 61.
Septembre (Le 4). — 33.
SERRIÈRE. — 172.
Sénat. — 33.
SIMON (Jules). — 78, 300.
STAEL (Madame de). — 314.
STAMIR (de). — 132.
STENDHAL. — 41, 58.

T

TALLE. — 291.
THIERS. — 182, 191, 192, etc.
Théâtre-Lyrique. — 57.
Timbre d'argent. — 5, 6.
TREILHARD. — 187, 302.
TREILHARD (fils). — 188.
TRÉLAT (Docteur). — 82, 166, 223.
Trente sous (Les). 96.
TREVISAN. — 6, 9, 13, 73.
TROCHU (Général). — 25, 56, 116, 118, 287, 126, 127.

U

UGALDE. — 204.

V

VARNIER (J. et H.). — 42, 119, 129, 130, 138, 199, 295, 319.
VERDI. — 58.
VERGER. — 307.
VERMESCH. — 132.
VÉRON. — 132.
VILLARET. — 204.
VILLIERS. — 132.
VOISIN (Docteur). — 166.
VULPIAN. — 80, 81, 166.

W

WAGNER. — 60.

Y

Ypres. — 32.

Z

ZORO. — 153.

www.ingramcontent.com/pod-product-compliance
Lightning Source LLC
Chambersburg PA
CBHW060458170426
43199CB00011B/1247